THIS BOOK BELONGS
EPIC EXPLORER CALLED

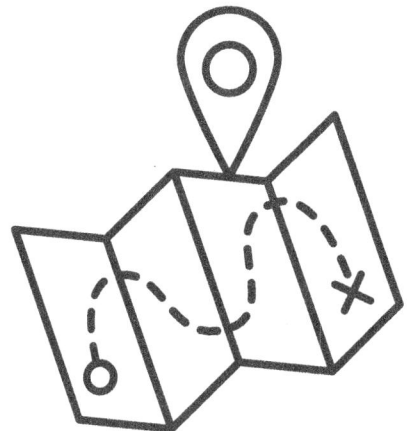

SURVIVING THE KIDS

ADVENTURE RULES

YOU ROCK!!!

SURVIVING THE KIDS
ADVENTURE RULES

Thank you for purchasing this workbook, and we hope you love it.

You can access more inspirational lessons and stories at our blog:

www.survivingthekids.com

CHECK IT OUT

CONTENTS

MISSION OBJECTIVE

Any explorer needs to be great at finding the right way!!

Standby......get ready.........this Military inspired activity book will show you REAL methods of finding direction, using only NATURE!!

ARE YOU READY?

Then Let's Go!!

SKILLS OF AN EXPLORER

- **NAVIGATE - WE NEED TO GO THE RIGHT WAY**

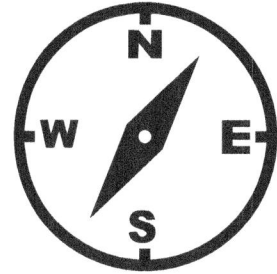

- **FIRE - TO KEEP US WARM AND TO COOK OUR FOOD**

- **SHELTER - WE NEED A PLACE TO SLEEP**

- **WATER - WE NEED TO DRINK!**

- **FOOD - WE NEED TO EAT!**

WHAT IS NAVIGATION?

THIS IS WHAT WE USE
TO NOT GET LOST!

TO FIND OUR WAY WE CAN USE
THE POINTS OF A COMPASS, THESE ARE:

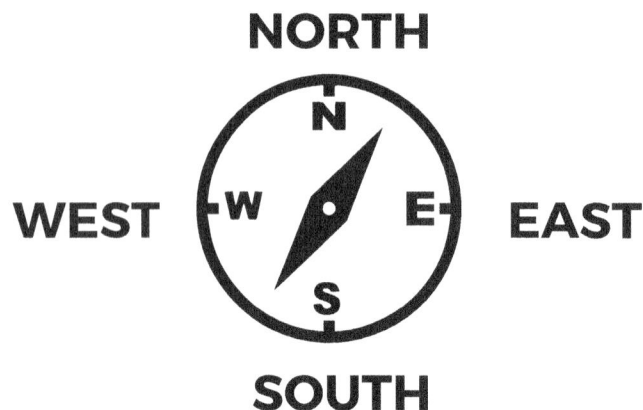

NORTH

WEST

EAST

SOUTH

EXPLORER KIT

A **COMPASS** IS USEFUL WHEN HEADING OUT ON AN ADVENTURE

YOUR **CELL PHONE** HAS A MAP INSIDE, AND WE CAN USE THIS IF WE GET LOST

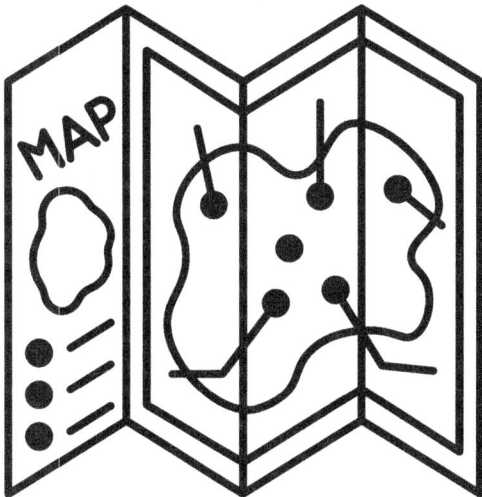

USING A **MAP** OF THE AREA, ALONG WITH A COMPASS WILL HELP YOU NAVIGATE

NO KIT........NO PROBLEM!

ITS TIME TO NAVIGATE LIKE
A REAL EXPLORER AND USE...........

THE SUN

THE MOON

THE STARS

AND EVEN PLANTS!

CHALLENGE TIME

CAN YOU MAKE A COMPASS??

WHAT YOU NEED:

1. A SEWING NEEDLE
2. A MAGNET
3. A GREEN LEAF
4. A CUP OF WATER

CHALLENGE TIME

Step 1 - Take the needle gently rub the point with the magnet about 30 times.

Step 2 - Place the leaf in the cup of water so it floats on top.

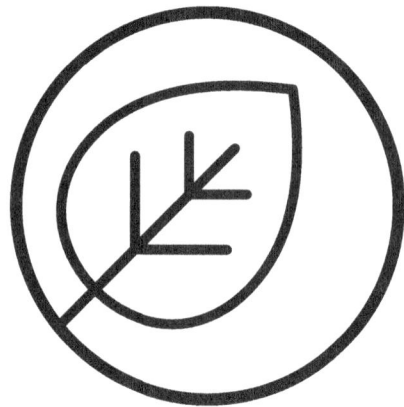

Step 3 - Place the needle on top of the leaf, the needle should point to magnetic north!!

North

THE SUN

WE CAN USE THE SUN TO HELP US NAVIGATE IN THE WILD

THE SUN

THE SUN RISES IN THE EAST AND SETS IN THE WEST

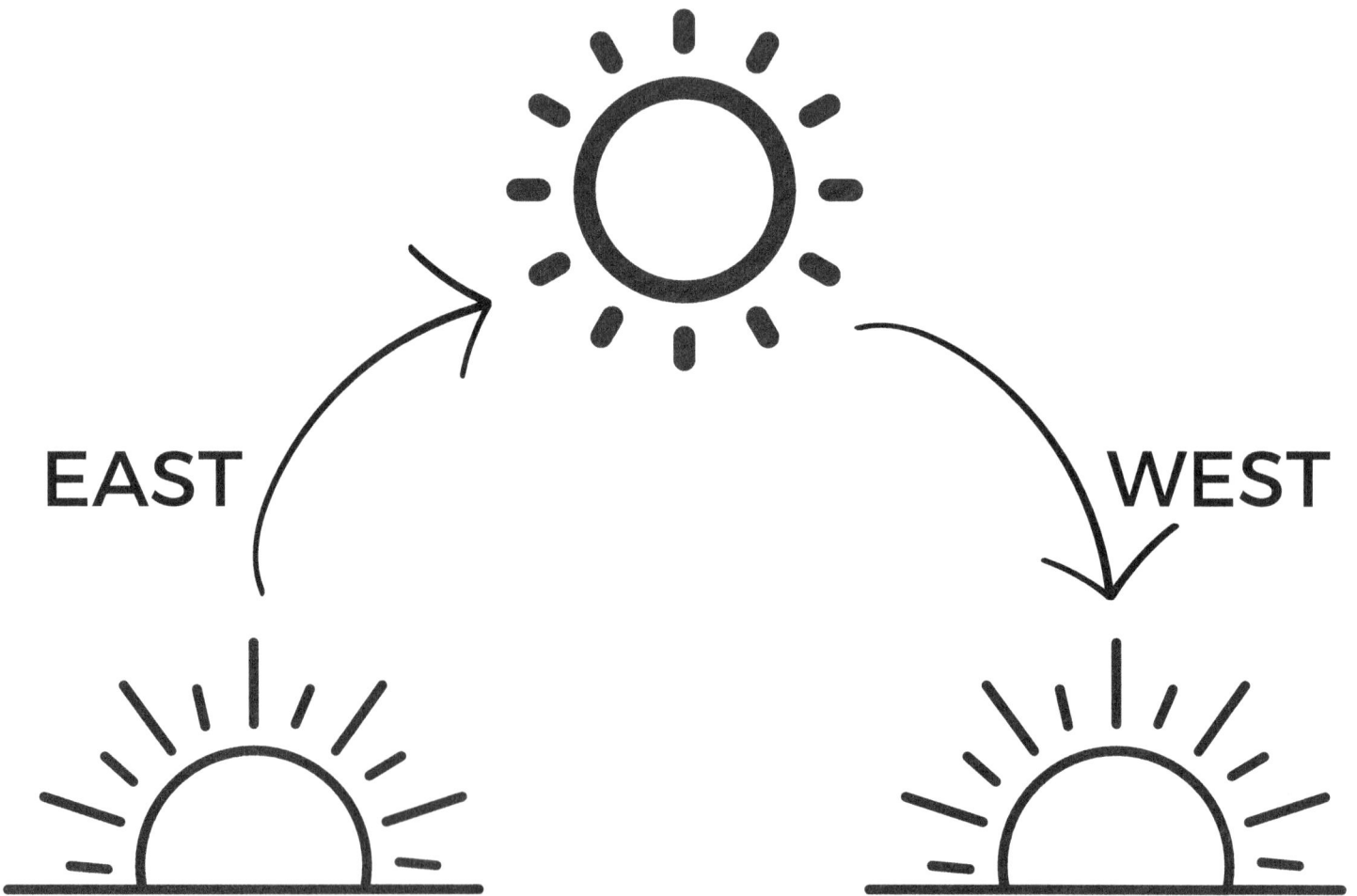

EAST

WEST

A SHADOW STICK

YOU CAN FIND NORTH USING THE SHADOW STICK METHOD

CHALLENGE TIME

LETS MAKE A SHADOW STICK

YOU NEED:
- A 2 FOOT LONG STRAIGHT STICK
- TWO SMALL ROCKS

1. PLACE THE STICK INTO THE GROUND
2. PUT A ROCK AT THE TIP OF THE STICKS SHADOW (THIS IS WEST)
3. WAIT 15 MINS THEN PUT A ROCK AT THE TIP OF THE SHADOW (EAST)
4. MAKE A LINE BETWEEN THE ROCKS
5. STAND ON THE LINE WITH YOUR BACK TO THE STICK, YOU ARE FACING NORTH!!!

W

N

E

USE A WATCH FACE

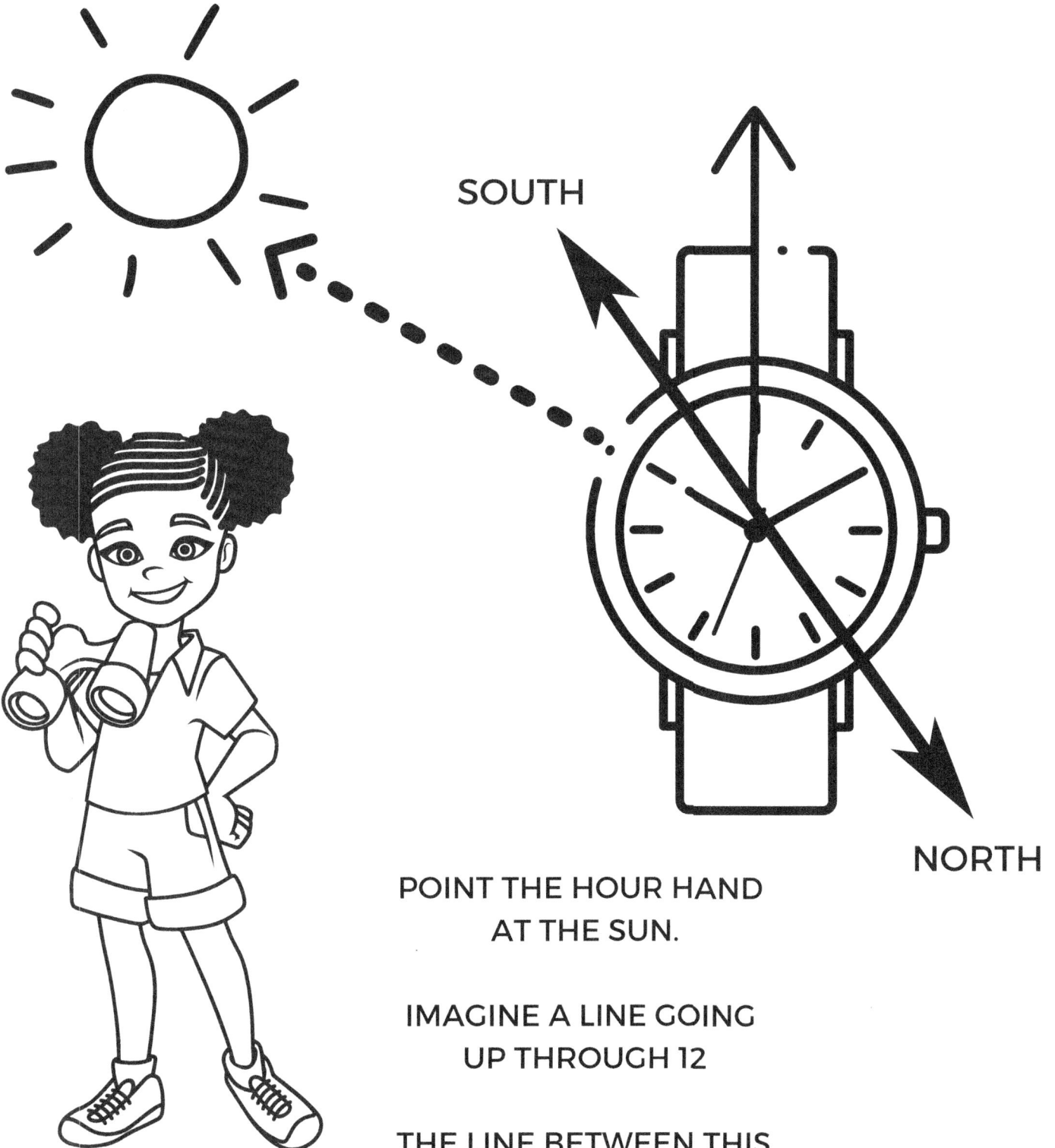

SOUTH

NORTH

POINT THE HOUR HAND
AT THE SUN.

IMAGINE A LINE GOING
UP THROUGH 12

THE LINE BETWEEN THIS
ANGLE IS NORTH-SOUTH

COMPLETE THE COMPASS

CAN YOU FILL IN THE MISSING COMPASS POINTS?

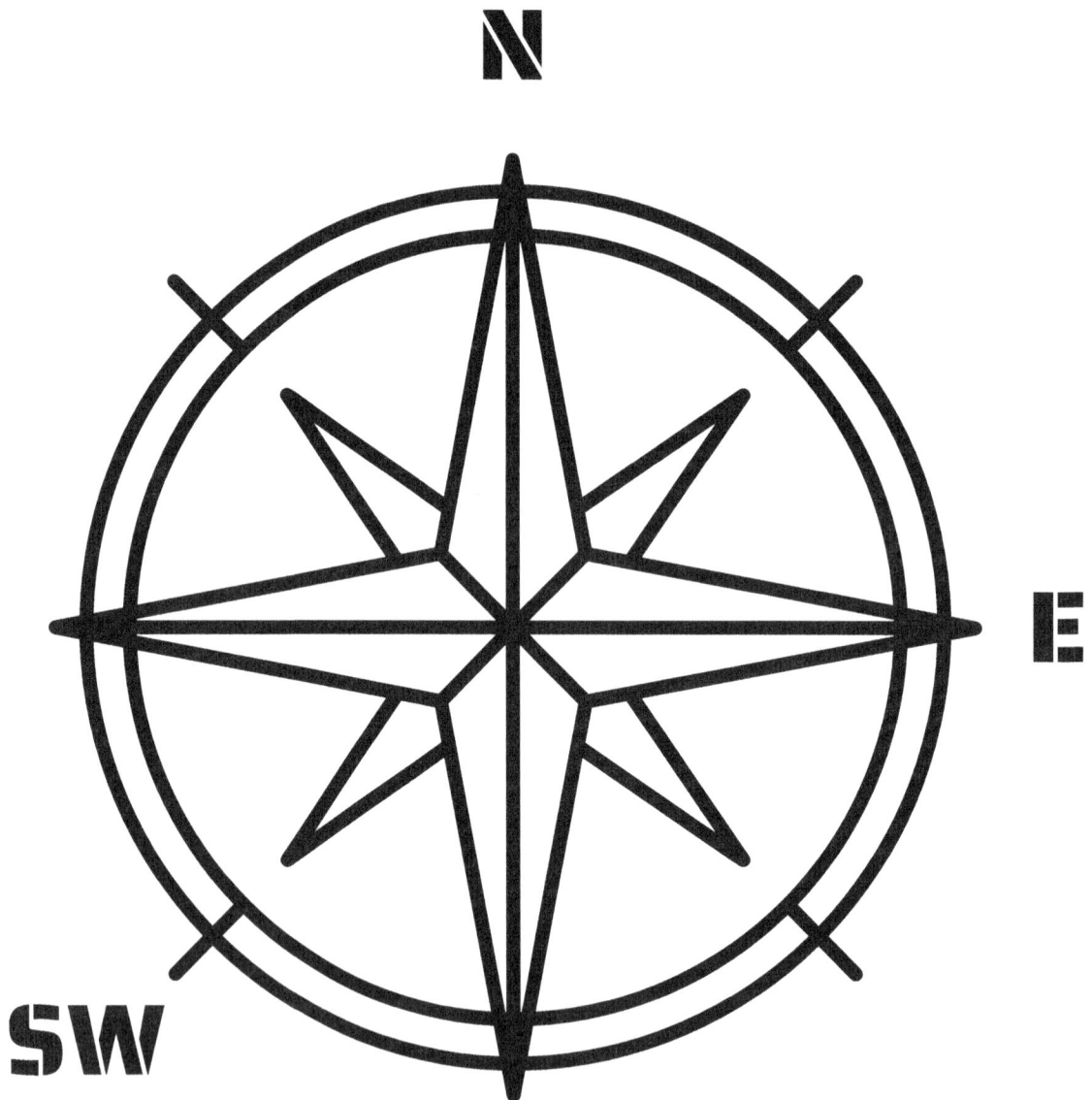

N

E

SW

COMPLETE THE COMPASS

CAN YOU FILL IN THE MISSING COMPASS POINTS?

NW

W

SW

COMPLETE THE COMPASS

CAN YOU FILL IN THE MISSING COMPASS POINTS?

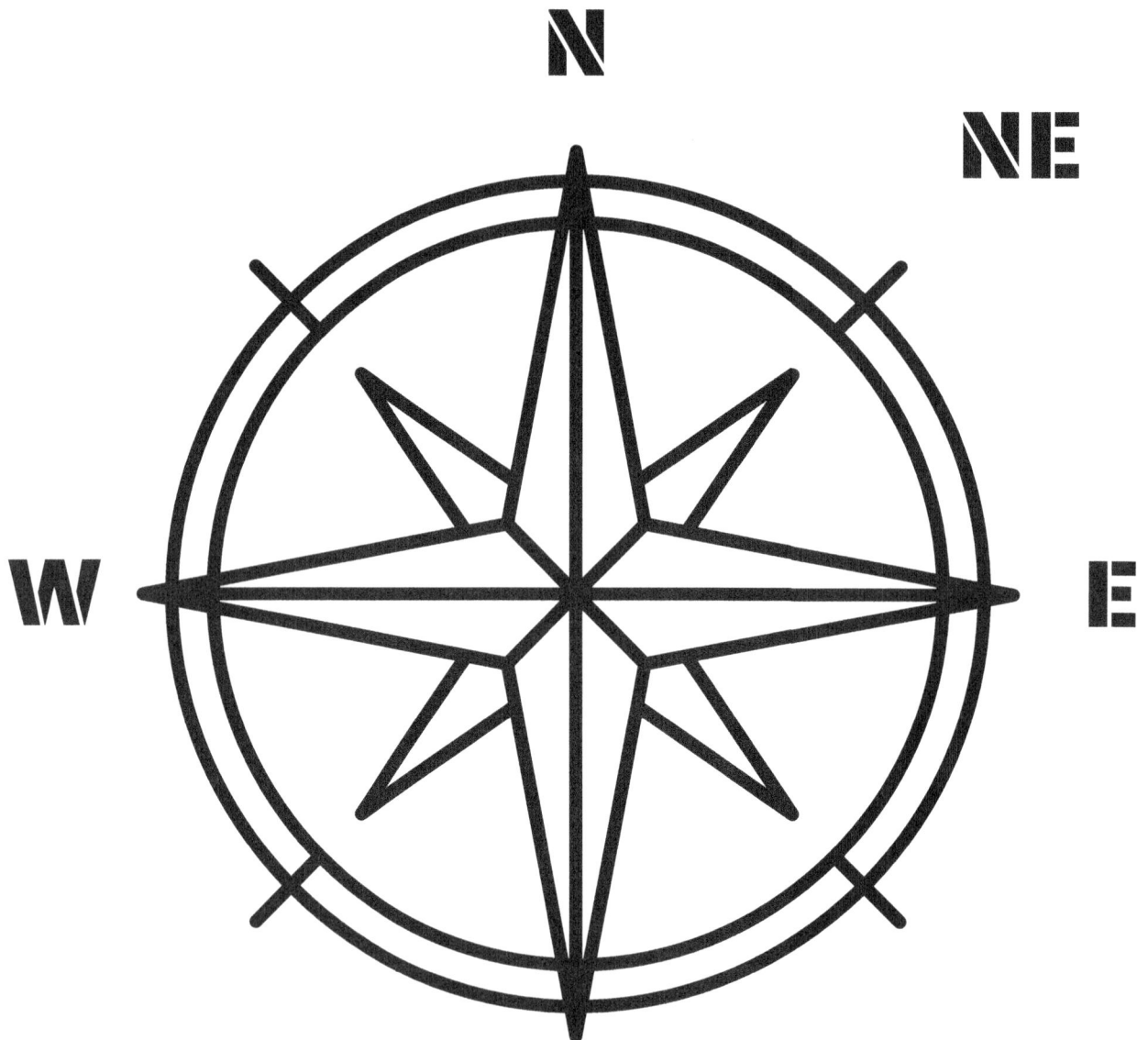

N

NE

W

E

COMPLETE THE COMPASS

CAN YOU FILL IN THE MISSING COMPASS POINTS?

NW

W

SE

COMPLETE THE COMPASS

CAN YOU FILL IN THE MISSING
COMPASS POINTS?

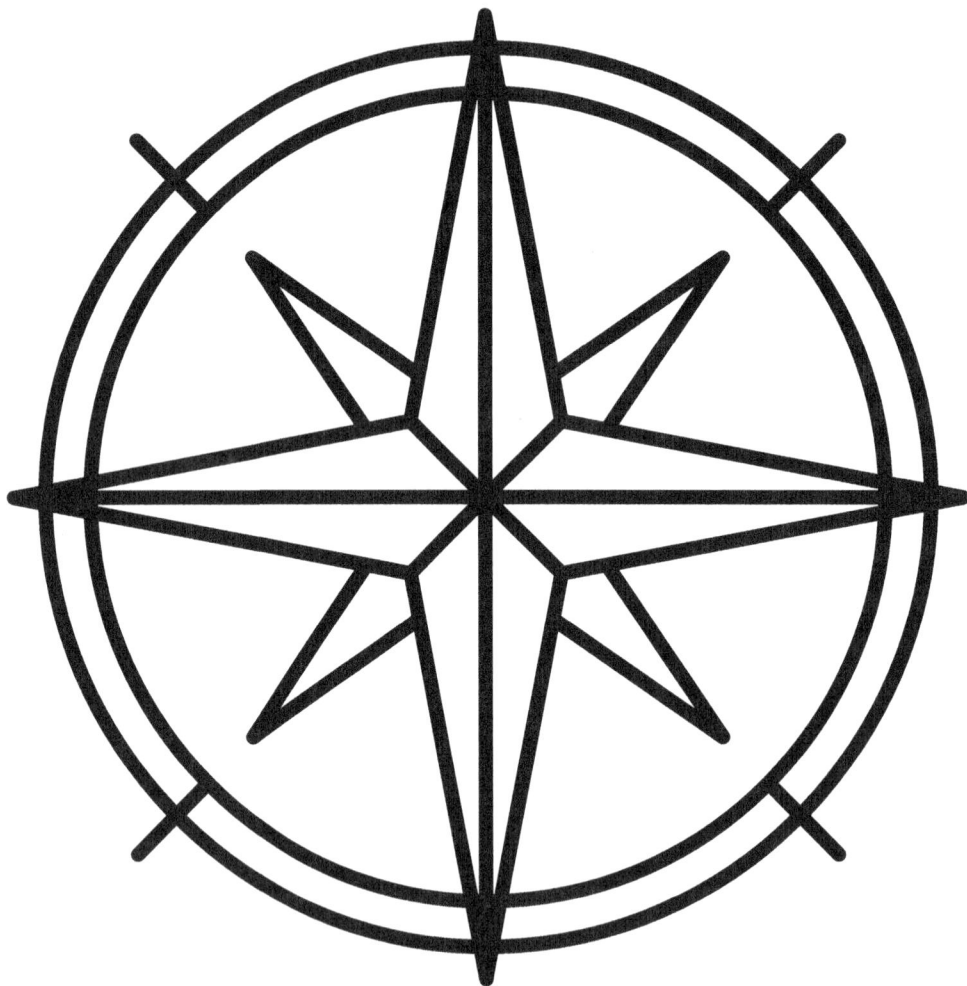

S

END OF CHAPTER QUIZ

TRUE OR FALSE

1. THE SUN SETS IN THE EAST? _____

2. A SHADOW STICK HELPS US FIND NORTH? _____

3. THE SUN RISES IN THE EAST? _____

THE MOON

IF YOU CAN SEE THE MOON AT NIGHT THEN YOU CAN FIND YOUR WAY.

THE MOON

JUST LIKE THE SUN, THE MOON RISES IN THE EAST AND SETS IN THE WEST.

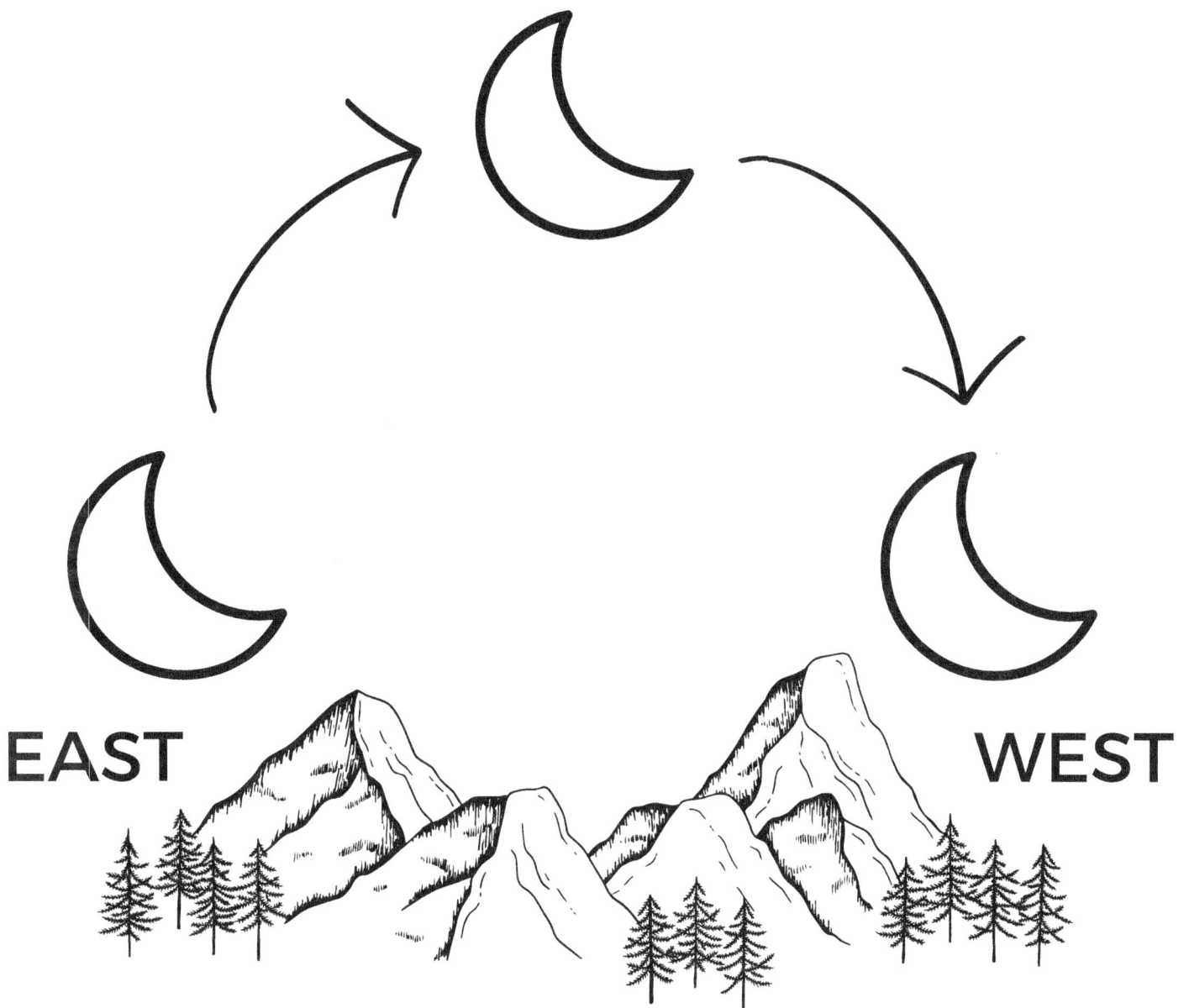

EAST

WEST

PHASES OF THE MOON

FULL MOON

NEW MOON

WANING CRESCENT

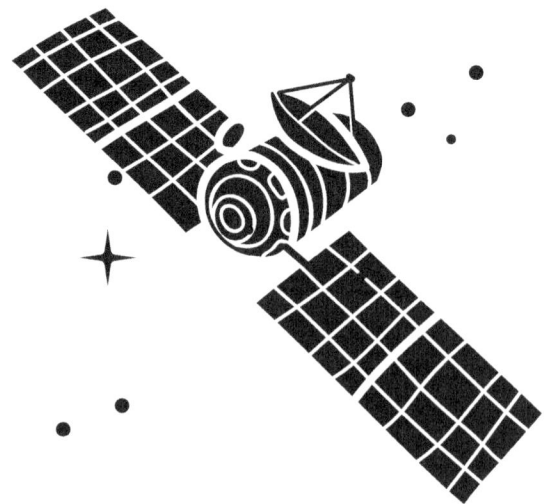

CRESCENT MOON

TO FIND SOUTH, DRAW A LINE FROM THE CRESCENT TIPS DOWN TO THE HORIZON.

THIS IS SOUTH

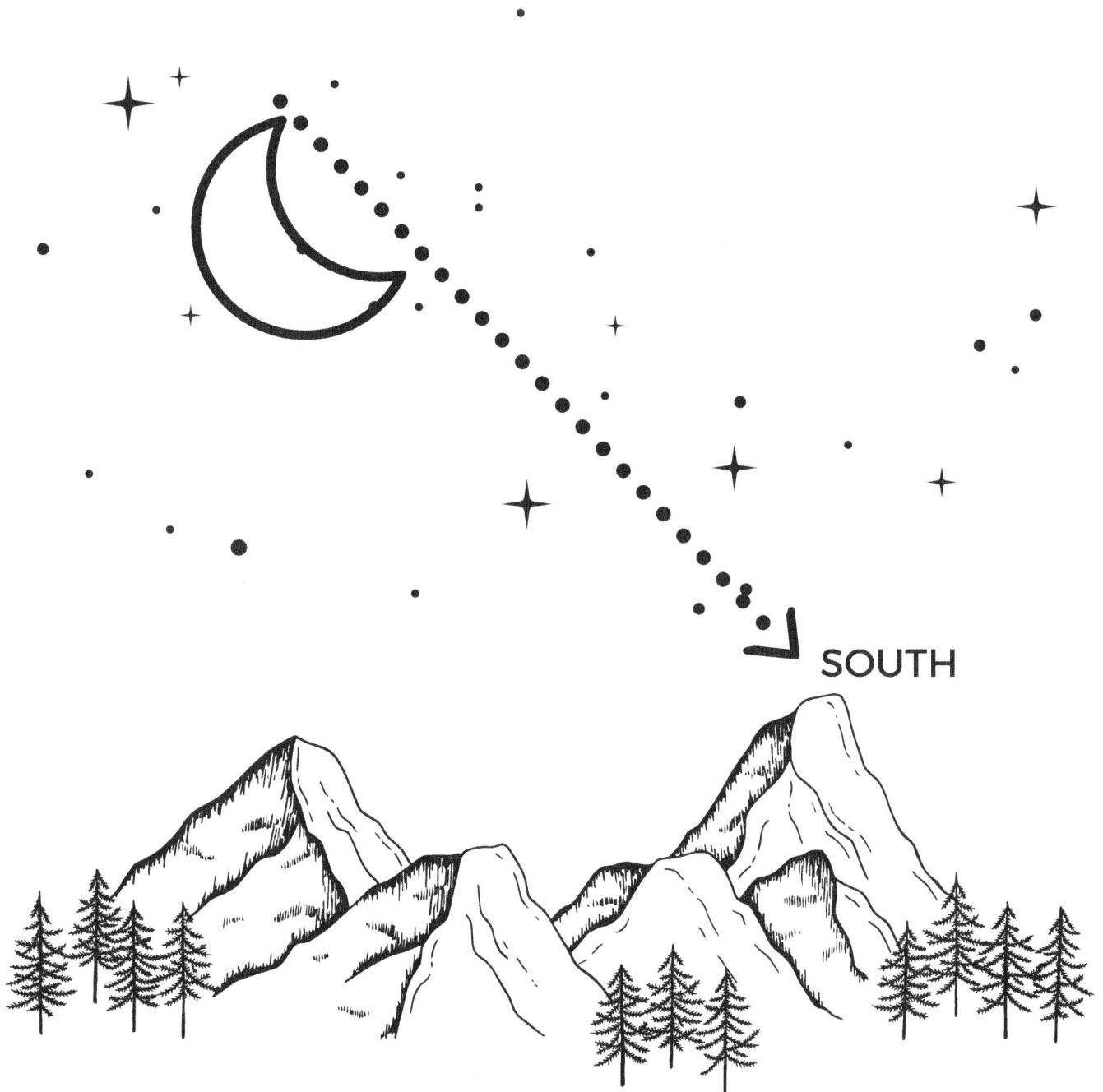

SOUTH

WHERE IS SOUTH?

WRITE S ON THE PICTURE TO
SHOW SOUTH

WHERE IS SOUTH?

WRITE S ON THE PICTURE TO
SHOW SOUTH

WHERE IS SOUTH?

WRITE S ON THE PICTURE TO
SHOW SOUTH

CROSSWORD 1

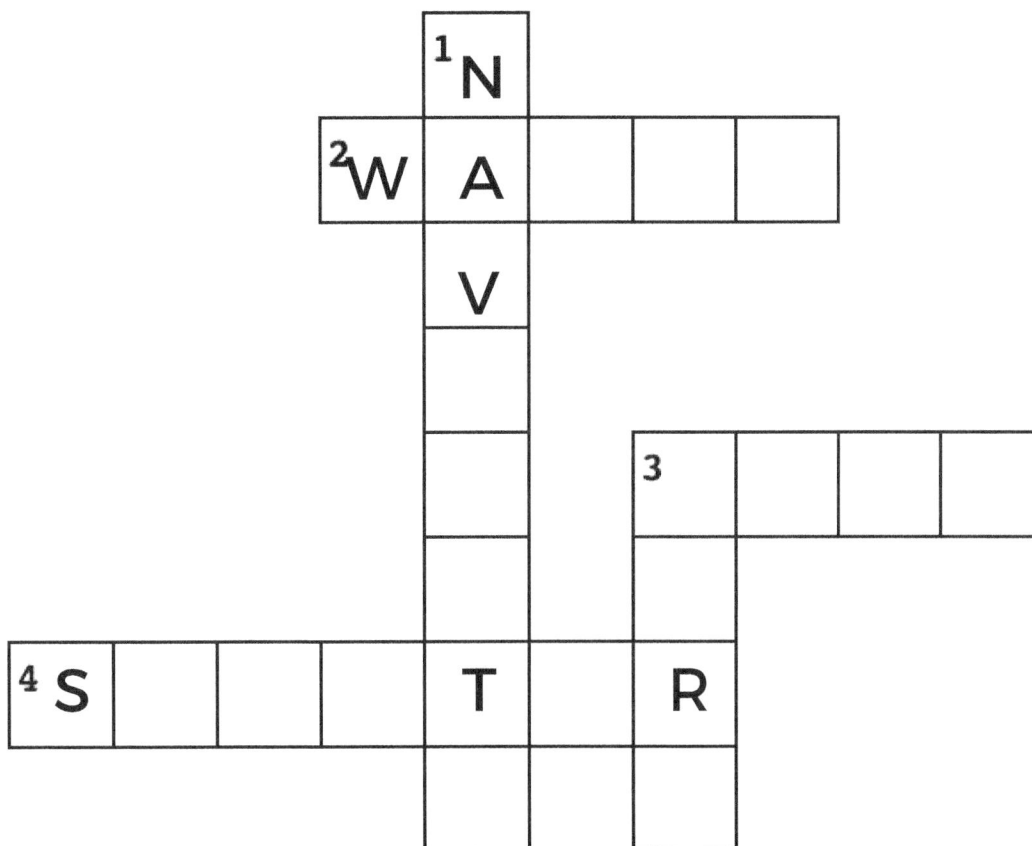

Across

2. WE NEED THIS TO DRINK WHEN WE ARE THIRSTY

3. THIS IS WHAT WE NEED TO EAT TO GIVE US ENERGY

4. THIS IS A PLACE TO STAY AND KEEPS US DRY

Down

1. WE DO THIS TO GO THE RIGHT WAY

3. THIS KEEPS US WARM AND COOKS OUR FOOD

CROSSWORD 2

Across

4. THE SUN RISES HERE

5. THE TOP POINT ON OUR COMPASS

Down

1. THE DIRECTION WE CAN FIND USING THE CRESCENT MOON

2. WHAT WE RUB OUR NEEDLE WITH TO MAKE A COMPASS

3. THE SUN SETS HERE AT THE END OF THE DAY

CROSSWORD 3

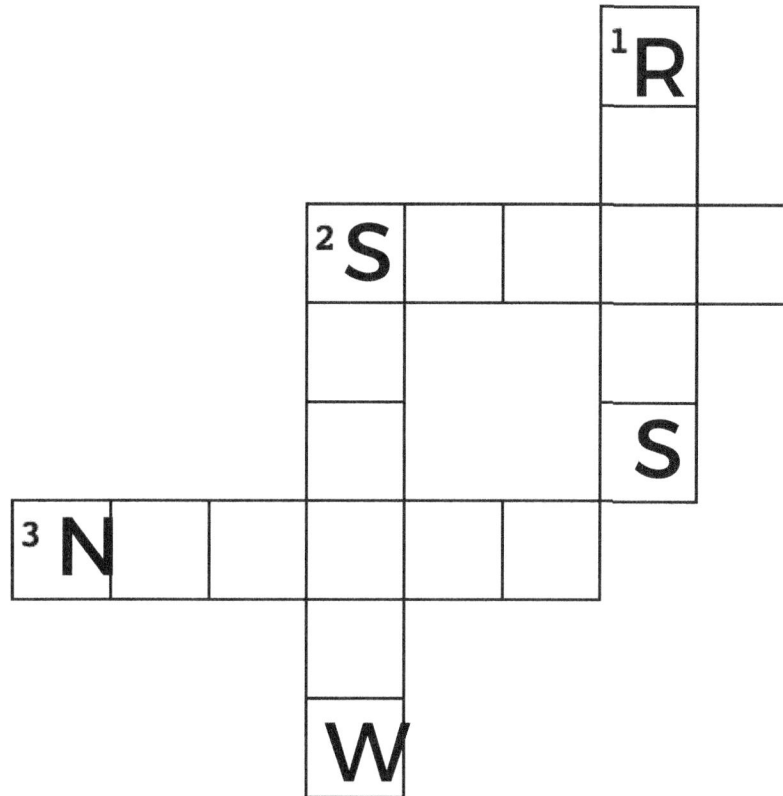

Across

2. WE PUT THIS INTO THE GROUND TO CREATE A SHADOW

3. WE CAN FLOAT THIS ON A LEAF TO MAKE A COMPASS

Down

1. WE PUT TWO OF THESE ON THE GROUND TO MAKE OUR SHADOW STICK LINE

2. OUR STICK MAKES THIS DARK LINE ON THE FLOOR

CROSSWORD 4

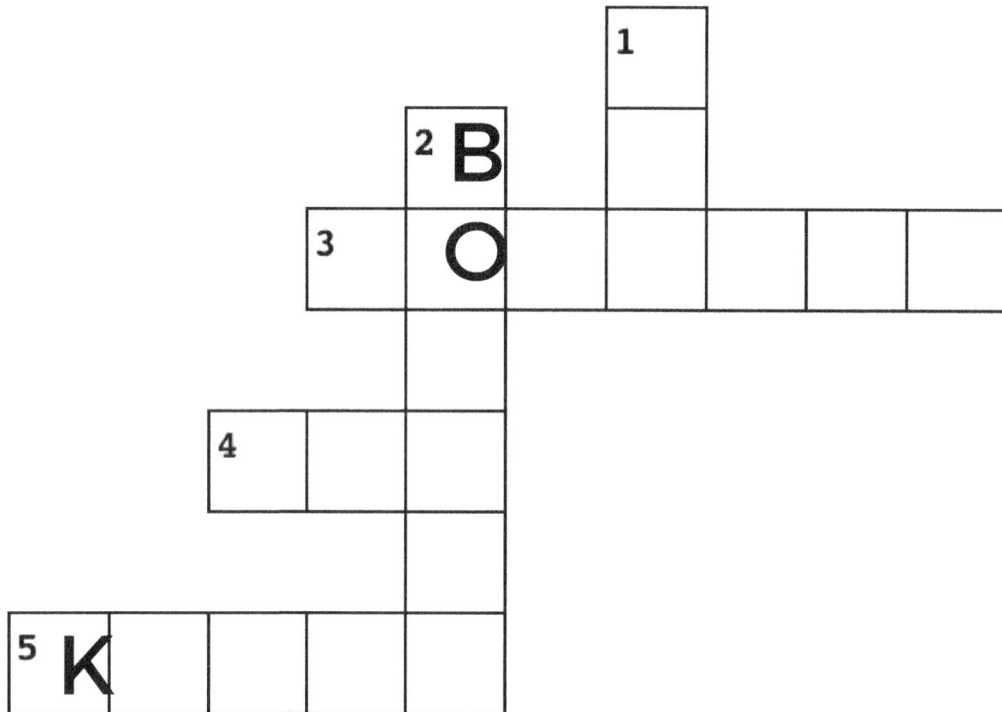

Across

3. THIS TOOL CAN POINT US TOWARDS NORTH

4. PUT THIS ON YOUR HEAD TO PROTECT FROM THE SUN

5. USE THIS SHARP TOOL TO CUT THINGS AND CARVE WOOD

Down

1. THIS PAPER CHART HELPS ADVENTURERS FIND THEIR WAY

2. YOU PUT THIS IN YOUR BAG AND DRINK WATER FROM IT

END OF CHAPTER QUIZ

TRUE OR FALSE

1. A CRESCENT MOON POINTS TO SOUTH? _____

2. THE MOON RISES IN THE EAST? _____

3. THERE ARE DIFFERENT PHASES OF THE MOON? _____

STARS

PEOPLE HAVE USED THE STARS TO TRAVEL FOR 1000'S OF YEARS

WE CALL THIS ASTRO NAVIGATION.

THE NORTH STAR

THE NORTH STAR IS ALSO KNOWN AS **POLARIS**

IF YOU CAN FIND THE NORTH STAR IN THE NIGHT SKY, THEN IT'S LIKE HAVING A COMPASS WITH YOU ANYWHERE YOU GO!

CONSTELLATIONS

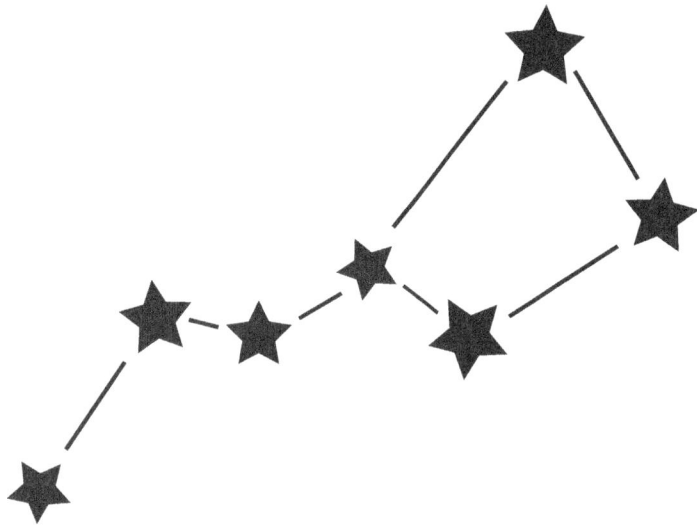

THESE ARE GROUPS
OR CLUSTERS OF
STARS

IN THE OLD DAYS, SAILORS
USED THE STARS TO TRAVEL
1000'S OF MILES BY SEA

THE BIG DIPPER

NORTH STAR

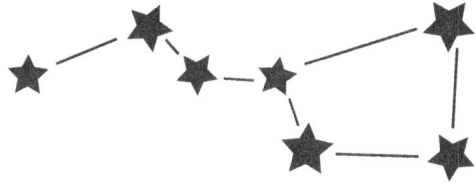

THESE STARS POINT US TO
POLARIS OR 'THE NORTH STAR'

A X 5

IF WE FACE THE
NORTH STAR,
THEN WE HAVE
NORTH!

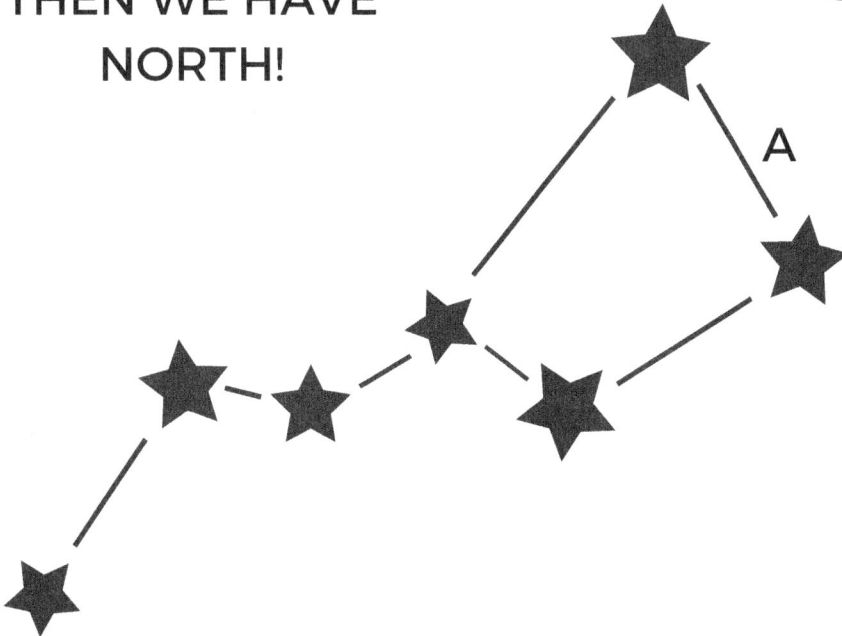

A

CASSIOPEIA

NORTH STAR

THIS ONE LOOKS LIKE THE LETTER 'W'

A X 2

A

90 DEG

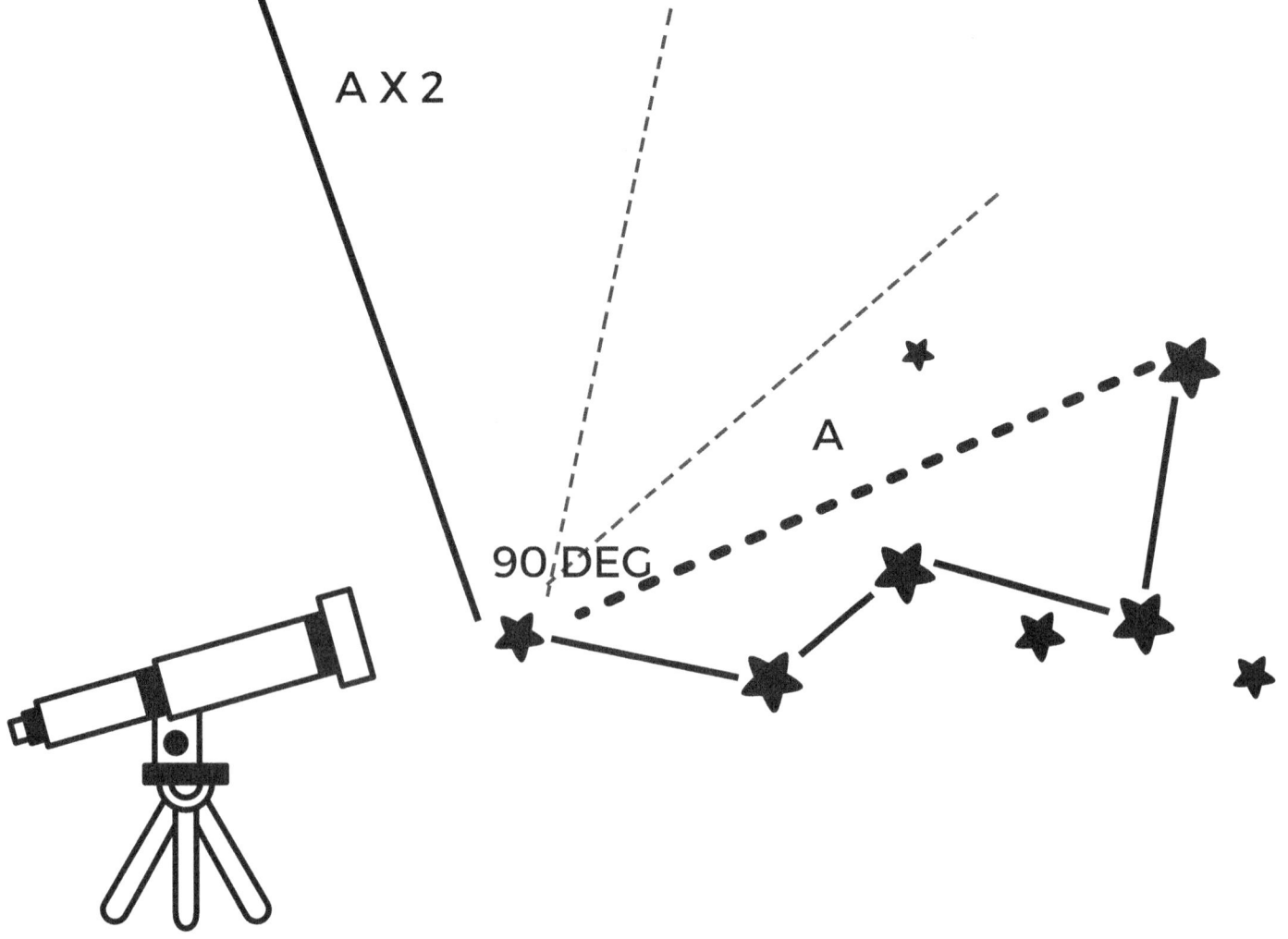

CAN YOU FIND 1.....

FIND THE **BIG DIPPER** AND JOIN UP THE STARS, AND CIRCLE THE **NORTH STAR** IF YOU CAN!

CAN YOU FIND 2.....

FIND THE CASSEOPEIA AND JOIN UP THE STARS, AND CIRCLE THE **NORTH STAR** IF YOU CAN!

CAN YOU FIND 3....

FIND THE **BIG DIPPER** AND JOIN UP THE STARS, AND CIRCLE THE **NORTH STAR** IF YOU CAN!

CAN YOU FIND 4.....

FIND THE CASSEOPEIA AND JOIN UP THE STARS, AND CIRCLE THE **NORTH STAR** IF YOU CAN!

END OF CHAPTER QUIZ

TRUE OR FALSE

1. POLARIS POINTS US TO SOUTH? _____

2. THE PLOUGH IS A CONSTELLATION? _____

3. POLARIS IS ALSO KNOW AS THE NORTH STAR? _____

WORDSEARCH 1

S	S	A	P	M	O	C	W	S	X
C	R	E	S	C	E	N	T	E	S
O	H	I	B	T	H	L	J	T	H
F	Z	Q	Y	L	M	Y	I	Q	A
N	O	R	T	H	H	C	K	O	D
M	S	Q	F	G	K	K	G	Q	O
L	P	O	U	W	W	G	X	K	W
R	Y	O	U	D	E	B	Q	Z	E
S	L	S	J	T	S	S	X	S	I
P	L	O	N	A	H	Z	T	V	B

COMPASS **WEST**
PLOUGH **NORTH**
TICK **SOUTH**
CRESCENT **SHADOW**

WORDSEARCH 2

A	S	B	I	S	R	F	E	E	M
N	W	O	O	D	S	Q	X	D	A
Y	A	M	B	Q	S	E	P	I	G
D	P	V	O	L	E	X	L	S	N
E	L	P	I	O	G	P	O	T	E
U	B	M	A	G	N	Q	R	U	T
T	X	A	M	H	A	B	E	O	I
N	R	P	M	X	X	T	F	J	C
W	Q	O	Z	Q	A	K	E	S	Z
E	R	U	T	N	E	V	D	A	Z

ADVENTURE   MOON

HAPPY   NAVIGATE

EXPLORE   OUTSIDE

MAGNETIC   WOODS

WORDSEARCH 3

```
N  H  N  S  R  B  E  C  Y  H
H  F  I  E  I  X  Z  S  P  L
K  H  T  K  P  R  U  X  P  F
F  A  Z  L  I  N  A  H  A  L
W  M  O  S  L  N  J  L  H  N
Z  R  F  I  L  I  G  T  O  K
E  L  G  D  M  N  D  I  S  P
X  H  B  E  A  R  I  N  G  B
T  O  Y  M  Y  L  Q  J  M  F
T  H  G  I  L  N  O  O  M  S
```

BEARING   **MOONLIGHT**
HIKING   **HAPPY**
SUNLIGHT   **WATER**
EXPLORE   **POLARIS**

WORDSEARCH 4

```
O V O Y V E Q O Z A
E R V G A T B K M J
N S T F B A Y B W L
J T J S M C E T A N
O N Y P A O O V A F
Y E G N J L I T Y E
M M Z Q B V U W K E
E E B F R R E Z C A
N L X U E L W A K W
T E S O U T D O O R
```

ASTRO
LOCATE
SURVIVAL
ELEMENTS

NATURE
ENJOYMENT
OUTDOOR

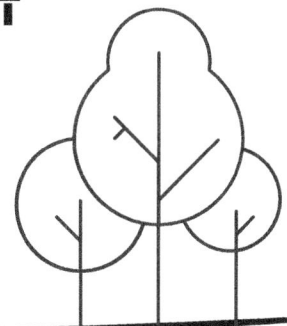

WORDSEARCH 5

```
T  W  M  F  R  N  B  P  W  M
F  J  Z  O  E  I  V  U  T  A
A  E  Q  E  I  X  S  G  W  S
R  L  R  U  H  T  O  I  E  X
C  G  S  O  U  T  H  T  N  Y
H  P  E  M  G  K  T  K  Z  G
S  U  U  Z  E  I  B  P  S  U
U  N  W  F  N  E  Z  P  D  A
B  Y  O  G  S  L  L  I  K  S
H  O  R  I  Z  O  N  W  Q  Q
```

BUSHCRAFT **SETTING**
RISING   **HORIZON**
SOUTH   **SKILLS**
GREEN

COLORING FUN

COLORING FUN

COLORING FUN

COLORING FUN

COLORING FUN

TREES

TREES LOVE THE SUN, SO THEY
ALWAYS TRY TO **GROW TOWARDS IT**

THIS MEANS MOST OF THE LEAVES ON A
TREE WILL FACE THE SUN, WHICH IS
GENERALLY A SOUTH DIRECTION

TREES

 SOUTH

THE TICK EFFECT!

THE SUNNY SIDE BRANCHES GROW LONGER TOWARDS THE LIGHT, WHILE THE SHADY SIDE BRANCHES ARE SHORT.

CONNECT THE TREES

DRAW A LINE TO CONNECT THE SHADOW TO THE CORRECT TREE

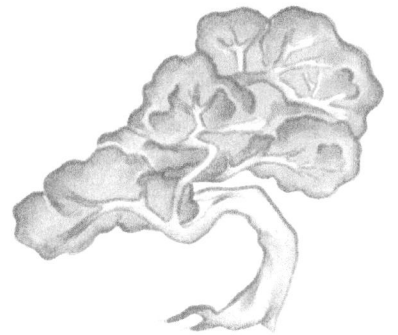

SPOT THE DIFFERENCE 1

CAN YOU SPOT THE 10 DIFFERENCES BETWEEN THE TWO PICTURES?

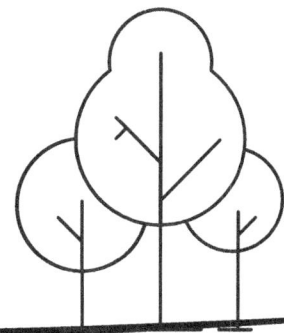

SPOT THE DIFFERENCE 2

CAN YOU SPOT THE 11 DIFFERENCES BETWEEN THE TWO PICTURES?

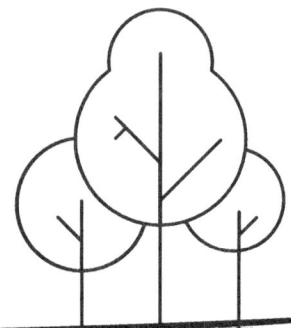

SPOT THE DIFFERENCE 3

CAN YOU SPOT THE 11 DIFFERENCES BETWEEN THE TWO PICTURES?

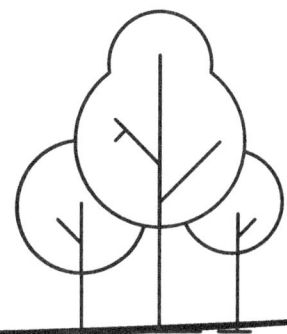

SPOT THE DIFFERENCE 4

CAN YOU SPOT THE 7 DIFFERENCES BETWEEN
THE TWO PICTURES?

SPOT THE DIFFERENCE 5

CAN YOU SPOT THE 7 DIFFERENCES BETWEEN THE TWO PICTURES?

END OF CHAPTER QUIZ

TRUE OR FALSE

1. TREES GROW AWAY FROM THE SUN? _____

2. TREE'S GROW TOWARDS THE SUN? _____

3. SOUTH FACING PLANTS GET MORE SUN? _____

NATURE COLORING FUN

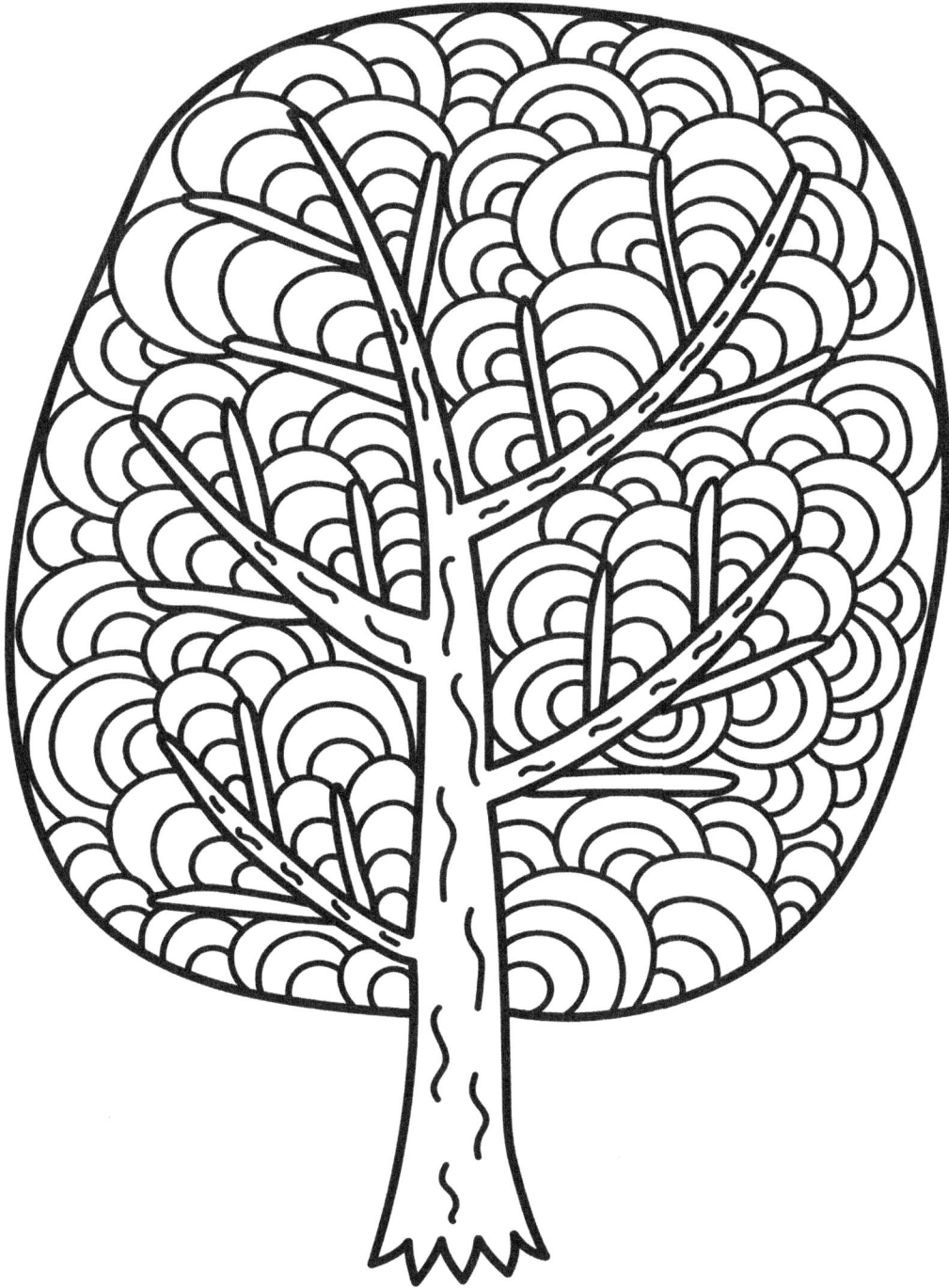

NATURE COLORING FUN

NATURE COLORING FUN

NATURE COLORING FUN

NATURE COLORING FUN

NATURE COLORING FUN

NATURE COLORING FUN

NATURE COLORING FUN

NATURE COLORING FUN

WORDSEARCH 6

```
P  B  T  W  I  K  P  I  Q  E
G  N  I  Y  A  L  P  J  T  F
B  V  J  R  R  S  S  C  B  I
V  Z  N  U  U  I  E  X  R  L
F  Q  T  N  M  T  Z  G  A  D
D  S  N  S  O  P  I  Y  N  L
T  Y  A  R  E  P  I  E  C  I
X  U  P  F  G  R  Q  N  H  W
M  K  C  B  R  R  O  J  G  V
S  M  I  L  E  W  C  F  H  O
```

BRANCH   **PROTECT**

PLAYING   **WILDLIFE**

SUNNY   **JUMPING**

FOREST   **SMILE**

WORDSEARCH 7

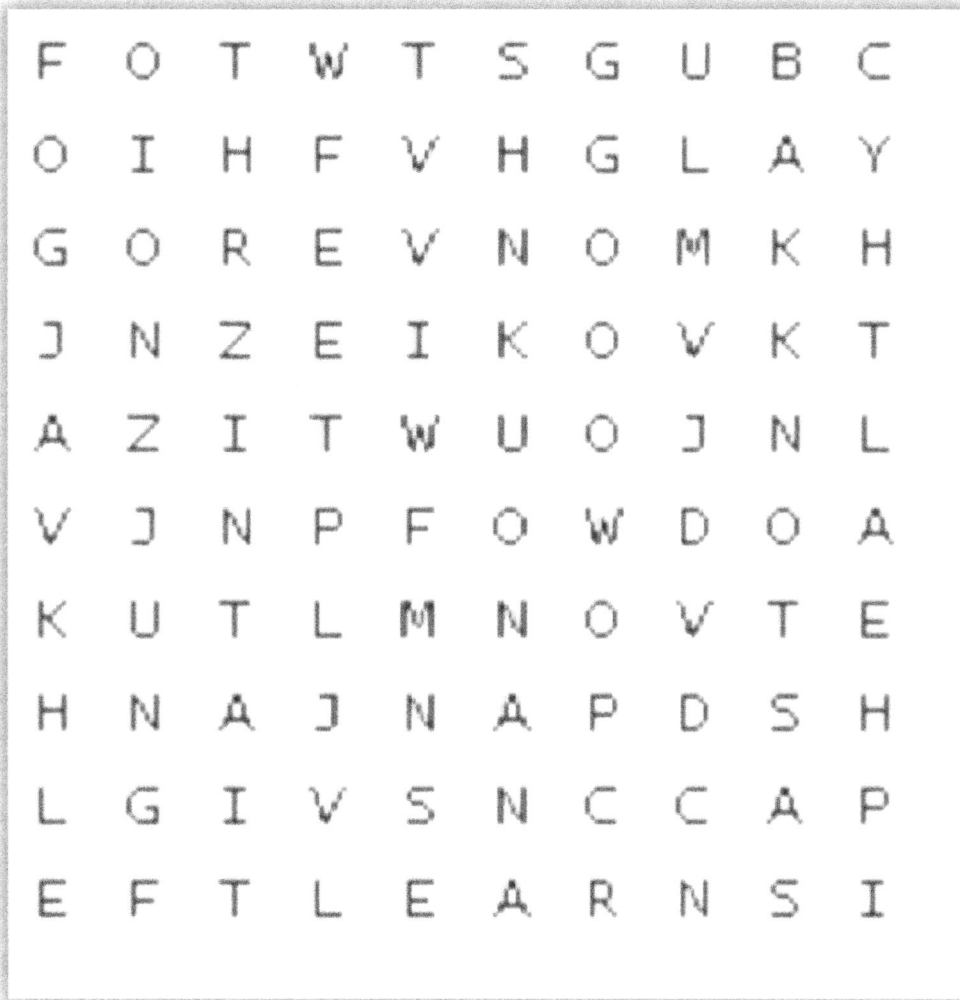

F	O	T	W	T	S	G	U	B	C
O	I	H	F	V	H	G	L	A	Y
G	O	R	E	V	N	O	M	K	H
J	N	Z	E	I	K	O	V	K	T
A	Z	I	T	W	U	O	J	N	L
V	J	N	P	F	O	W	D	O	A
K	U	T	L	M	N	O	V	T	E
H	N	A	J	N	A	P	D	S	H
L	G	I	V	S	N	C	C	A	P
E	F	T	L	E	A	R	N	S	I

BUGS   HEALTHY
FIREWOOD   LEARN
KNOTS   CAMPING
CAMOUFLAGE   HUNTING

WORDSEARCH 8

```
O  D  I  R  E  C  T  I  O  N
G  U  P  O  I  N  T  Z  G  I
L  Q  T  G  N  I  N  I  A  R
W  T  G  D  W  O  C  A  H  J
L  T  F  V  O  G  I  F  F  W
Y  D  D  U  M  O  K  Q  I  P
S  P  R  O  N  I  R  L  Y  L
S  T  O  N  E  S  L  Y  P  A
X  O  B  W  T  O  F  U  B  Y
P  J  M  S  W  X  E  T  Z  V
```

DIRECTION	POINT
PLAY	WILLOW
STONES	OUTDOOR
MUDDY	RAINING

WORDSEARCH 9

T	F	C	N	X	M	I	U	O	V
P	R	Q	I	A	U	N	M	N	X
G	Q	A	P	R	E	D	N	I	T
W	N	S	C	X	B	L	L	J	R
S	O	I	Y	K	X	Q	J	F	E
N	O	L	K	R	S	E	L	W	D
Q	J	P	L	L	K	I	K	F	A
B	O	O	W	O	A	N	W	D	E
G	X	G	Q	T	F	W	T	R	L
F	M	S	Q	U	I	R	R	E	L

FOLLOW   **TINDER**

SQUIRREL   **MAPS**

WALKING   **TRACKS**

LEADER

WORDSEARCH 10

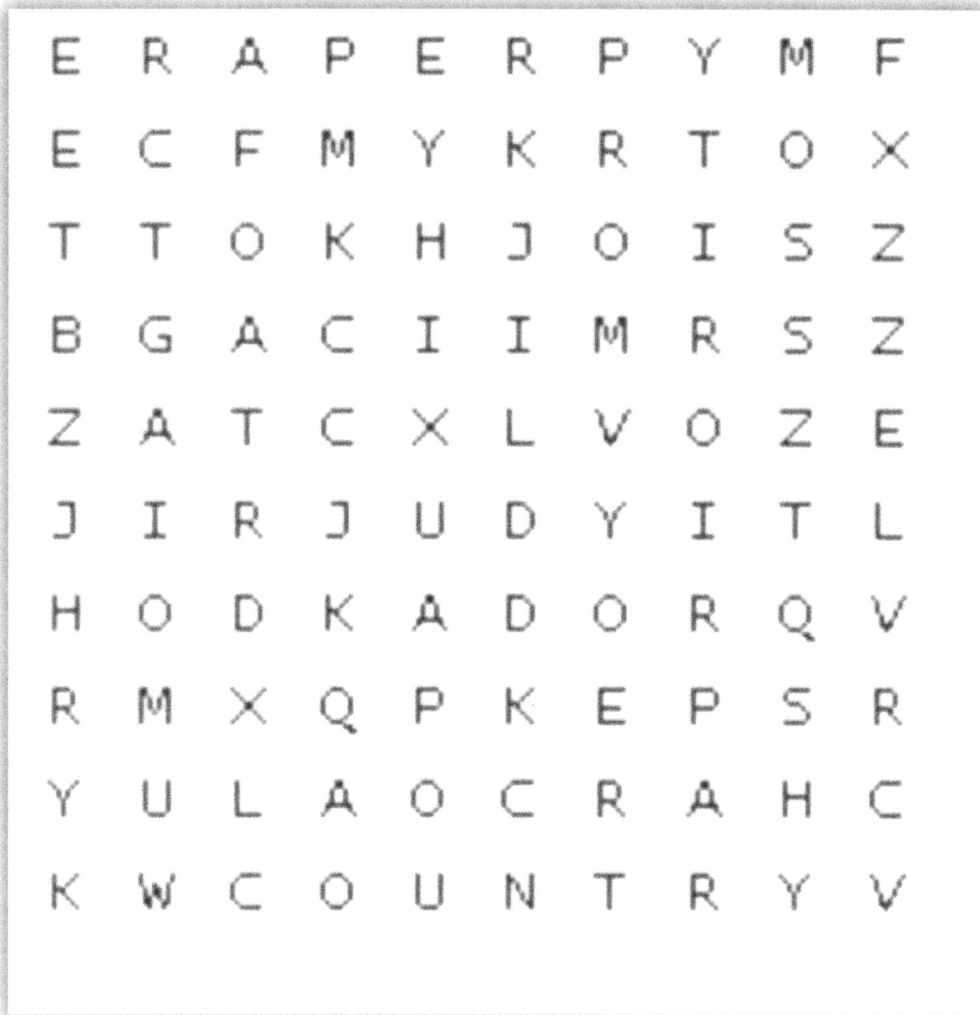

E	R	A	P	E	R	P	Y	M	F
E	C	F	M	Y	K	R	T	O	X
T	T	O	K	H	J	O	I	S	Z
B	G	A	C	I	I	M	R	S	Z
Z	A	T	C	X	L	V	O	Z	E
J	I	R	J	U	D	Y	I	T	L
H	O	D	K	A	D	O	R	Q	V
R	M	X	Q	P	K	E	P	S	R
Y	U	L	A	O	C	R	A	H	C
K	W	C	O	U	N	T	R	Y	V

BARK   HITCH
EDUCATE   PRIORITY
PREPARE   COUNTRY
CHARCOAL   MOSS

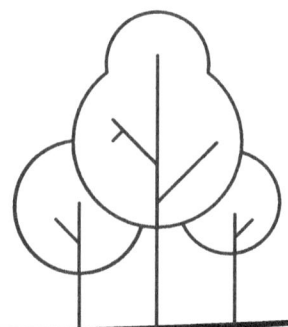

PUZZLE ANSWERS

LETS SEE HOW YOU DID!!

END OF CHAPTER QUIZ
T/F ANSWERS

SUN:

1 = False

2 = True

3 = True

MOON::

1 = True

2 = True

3 = True

STARS::

1 = False

2 = True

3 = True

PLANTS::

1 = False

2 = True

3 = True

ANSWERS CROSSWORD 1

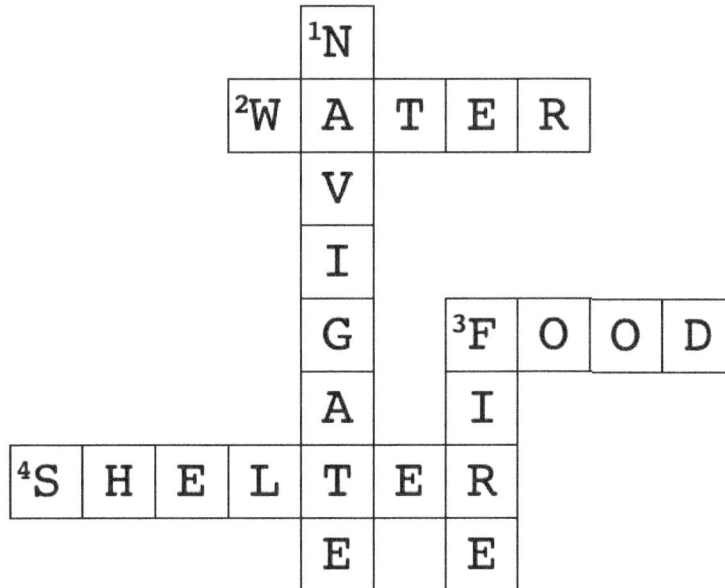

	¹N			
²W	A	T	E	R
	V			
	I			
	G	³F	O	O	D
	A	I		
⁴S	H	E	L	T	E	R	E
	E	E		

- ¹N — NAVIGATE
- ²W — WATER
- ³F — FOOD / FIRE
- ⁴S — SHELTER

ANSWERS CROSSWORD 2

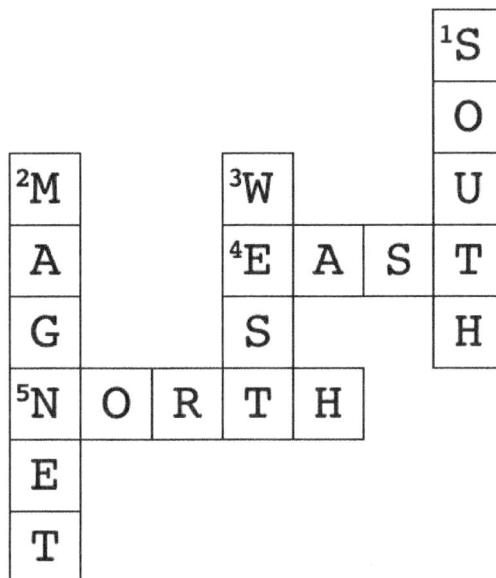

			¹S
			O
²M		³W	U
A	⁴E	A	S	T
G	S		H
⁵N	O	R	T	H
E			
T			

- ¹S — SOUTH
- ²M — MAGNET
- ³W — WEST
- ⁴E — EAST
- ⁵N — NORTH

ANSWERS CROSSWORD 3

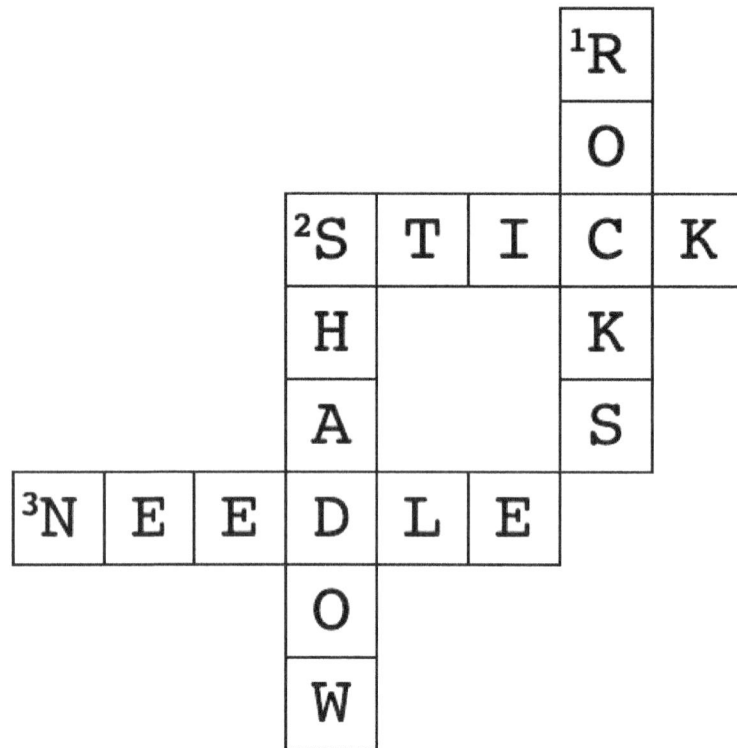

```
                        ¹R
                         O
        ²S  T   I   C    K
         H              K
         A              S
 ³N  E   E  D   L   E
         O
         W
```

ANSWERS CROSSWORD 4

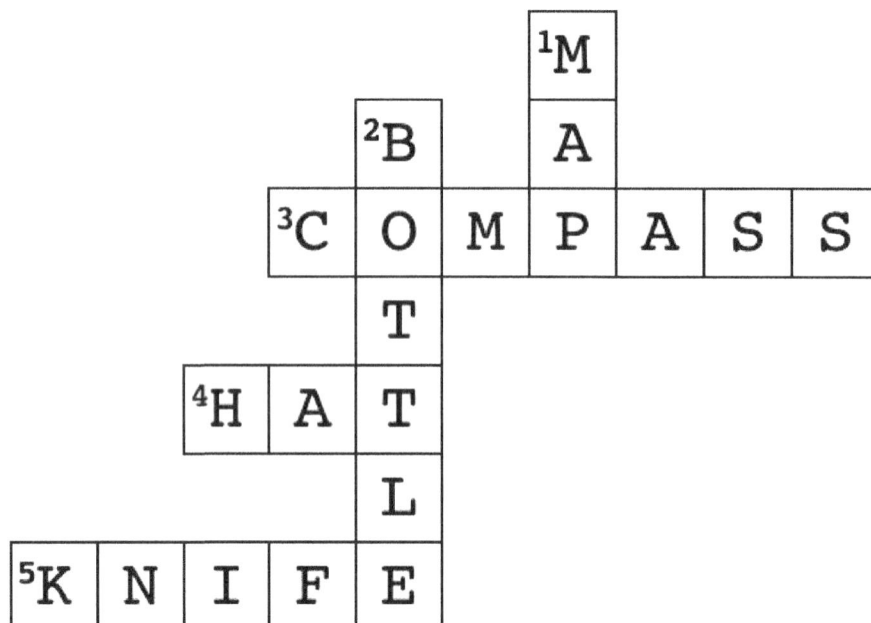

```
                ¹M
        ²B       A
   ³C   O   M   P   A   S   S
         T
    ⁴H  A   T
         L
 ⁵K  N   I   F   E
```

ANSWERS
STARS 1

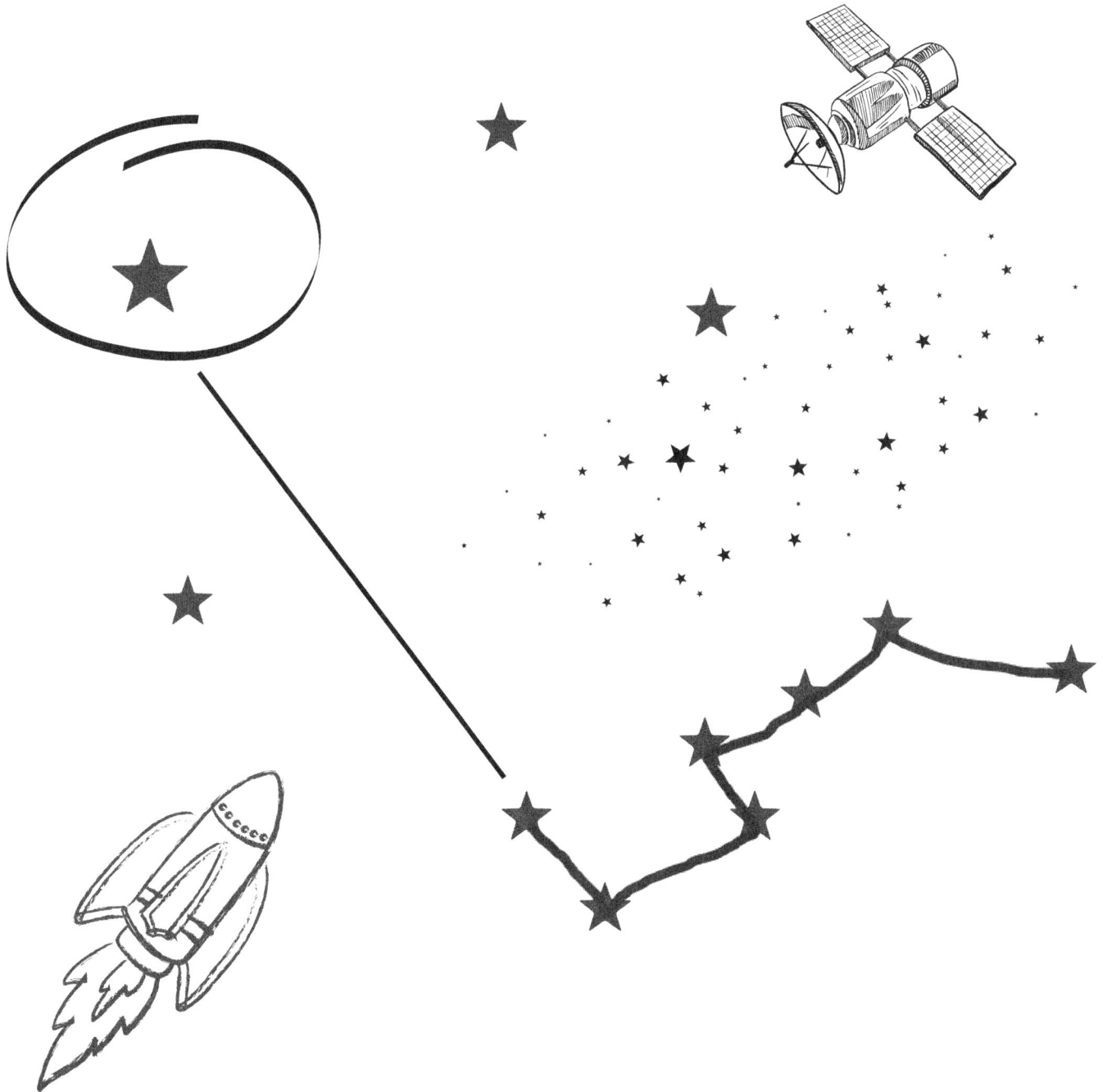

ANSWERS
STARS 2

ANSWERS
STARS 3

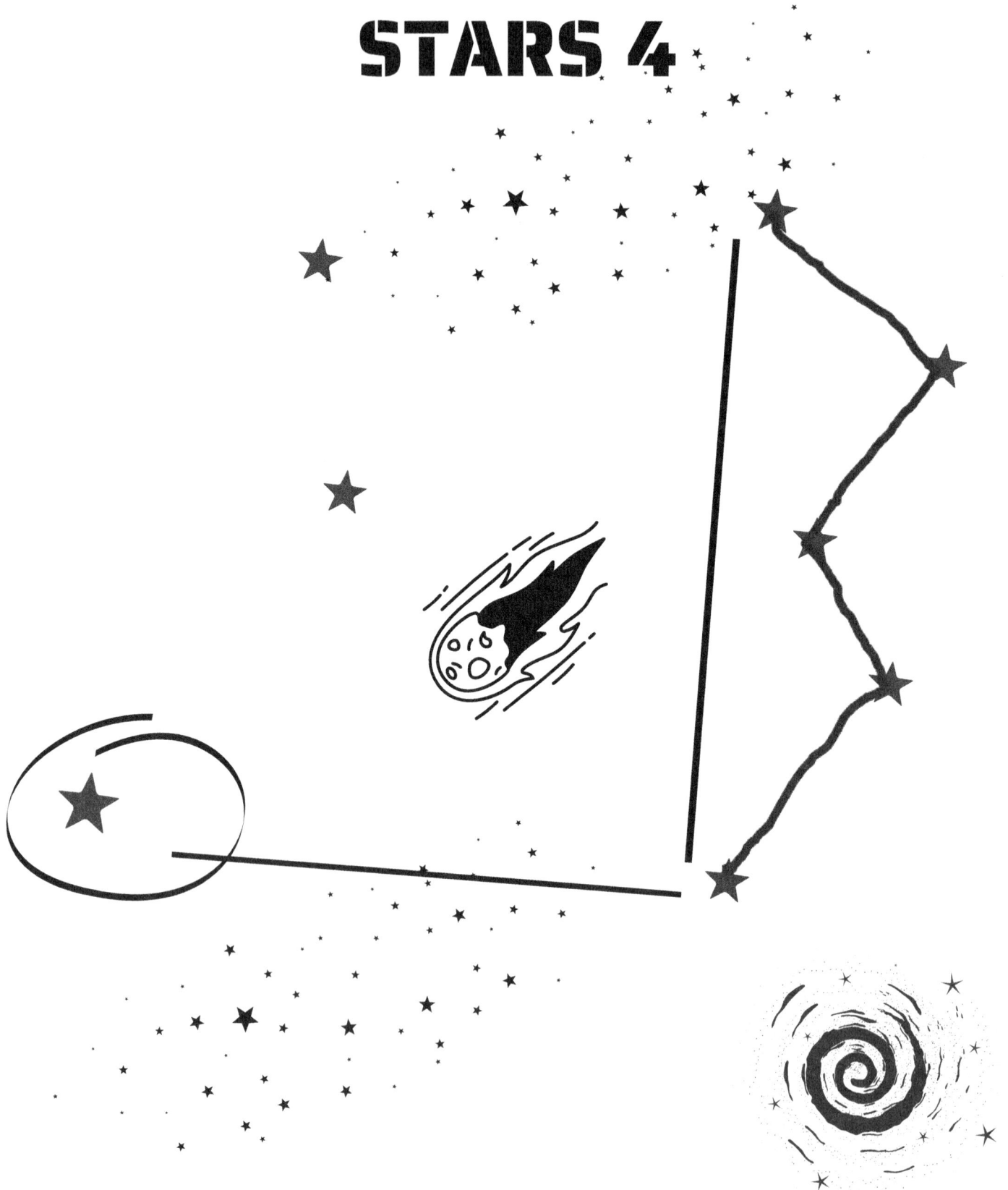

ANSWERS
STARS 4

ANSWERS CONNECT THE TREES

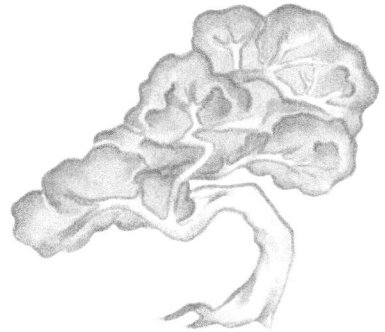

ANSWERS SPOT THE DIFFERENCE 1

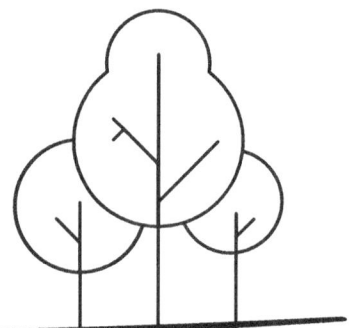

ANSWERS SPOT THE DIFFERENCE 2

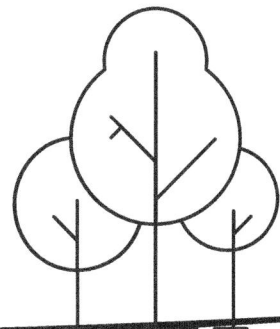

ANSWERS SPOT THE DIFFERENCE 3

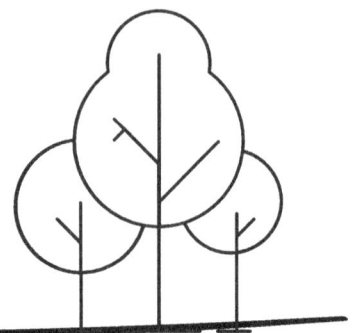

ANSWERS SPOT THE DIFFERENCE 4

ANSWERS SPOT THE DIFFERENCE 5

ANSWERS
WORDSEARCH 1

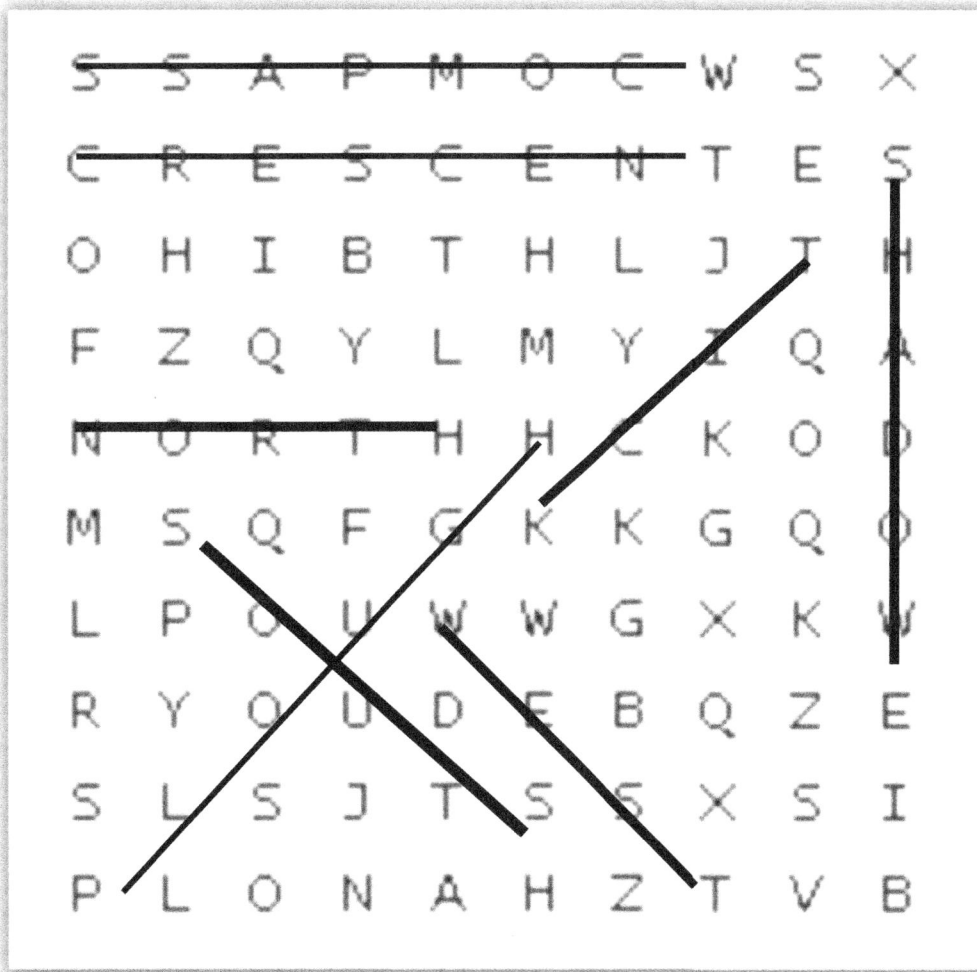

S S A P M O C W S X
C R E S C E N T E S
O H I B T H L J T H
F Z Q Y L M Y I Q A
N O R T H H C K O D
M S Q F G K K G Q O
L P O U W G X K W
R Y Q U D E B Q Z E
S L S J T S S X S I
P L O N A H Z T V B

COMPASS   **WEST**
PLOUGH   **NORTH**
TICK   **SOUTH**
CRESCENT   **SHADOW**

ANSWERS
WORDSEARCH 2

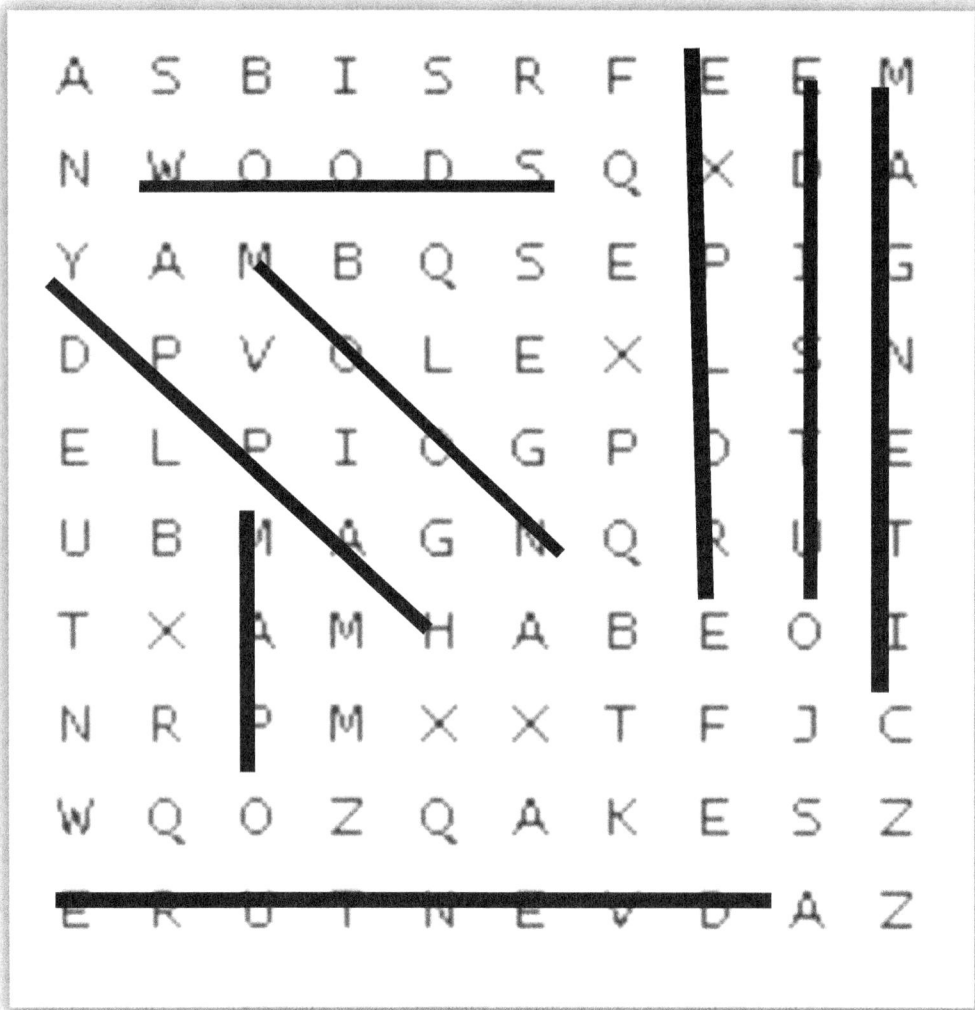

A	S	B	I	S	R	F	E	E	M
N	W	O	O	D	S	Q	X	D	A
Y	A	M	B	Q	S	E	P	I	G
D	P	V	O	L	E	X	L	S	N
E	L	P	I	O	G	P	O	T	E
U	B	M	A	G	N	Q	R	U	T
T	X	A	M	H	A	B	E	O	I
N	R	P	M	X	X	T	F	J	C
W	Q	O	Z	Q	A	K	E	S	Z
E	R	O	T	N	E	V	D	A	Z

ADVENTURE   **MOON**
HAPPY   **NAVIGATE**
EXPLORE   **OUTSIDE**
MAGNETIC   **WOODS**

ANSWERS
WORDSEARCH 3

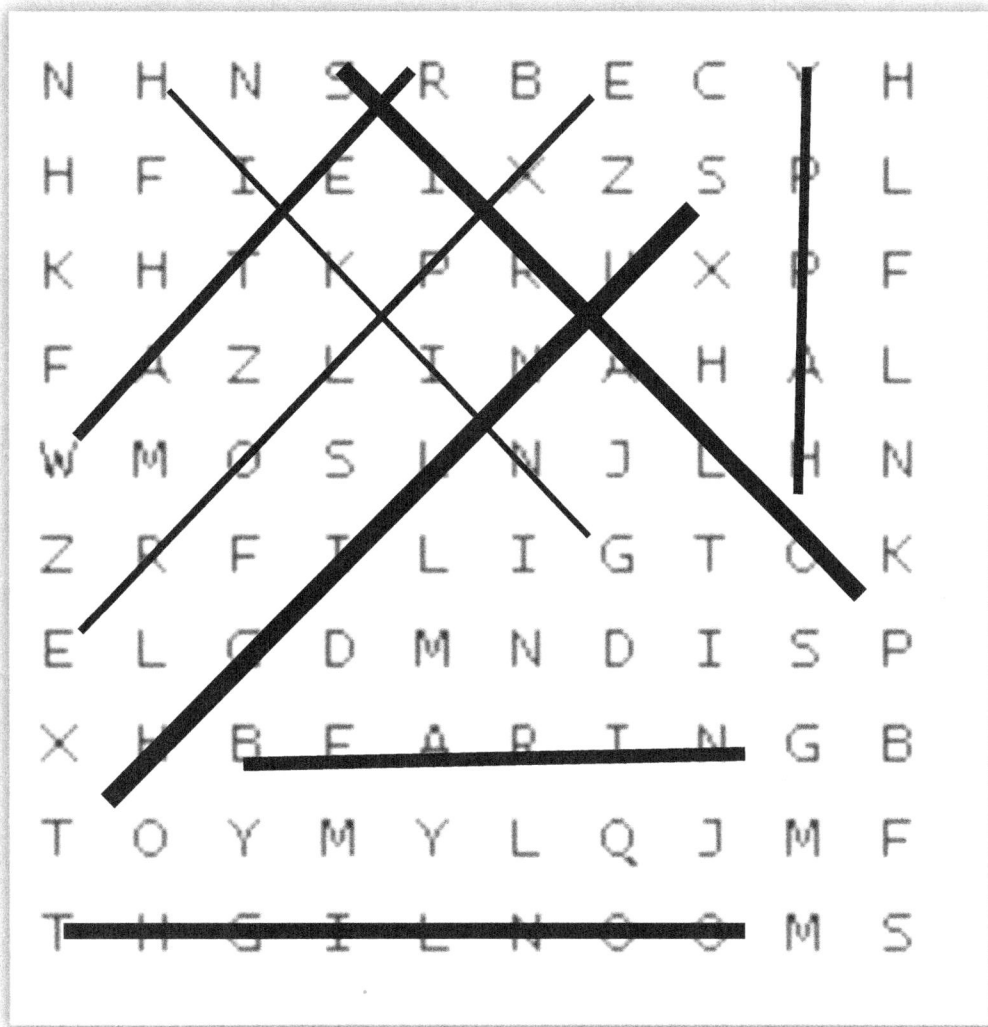

BEARING **MOONLIGHT**

HIKING **HAPPY**

SUNLIGHT **WATER**

EXPLORE **POLARIS**

ANSWERS
WORDSEARCH 4

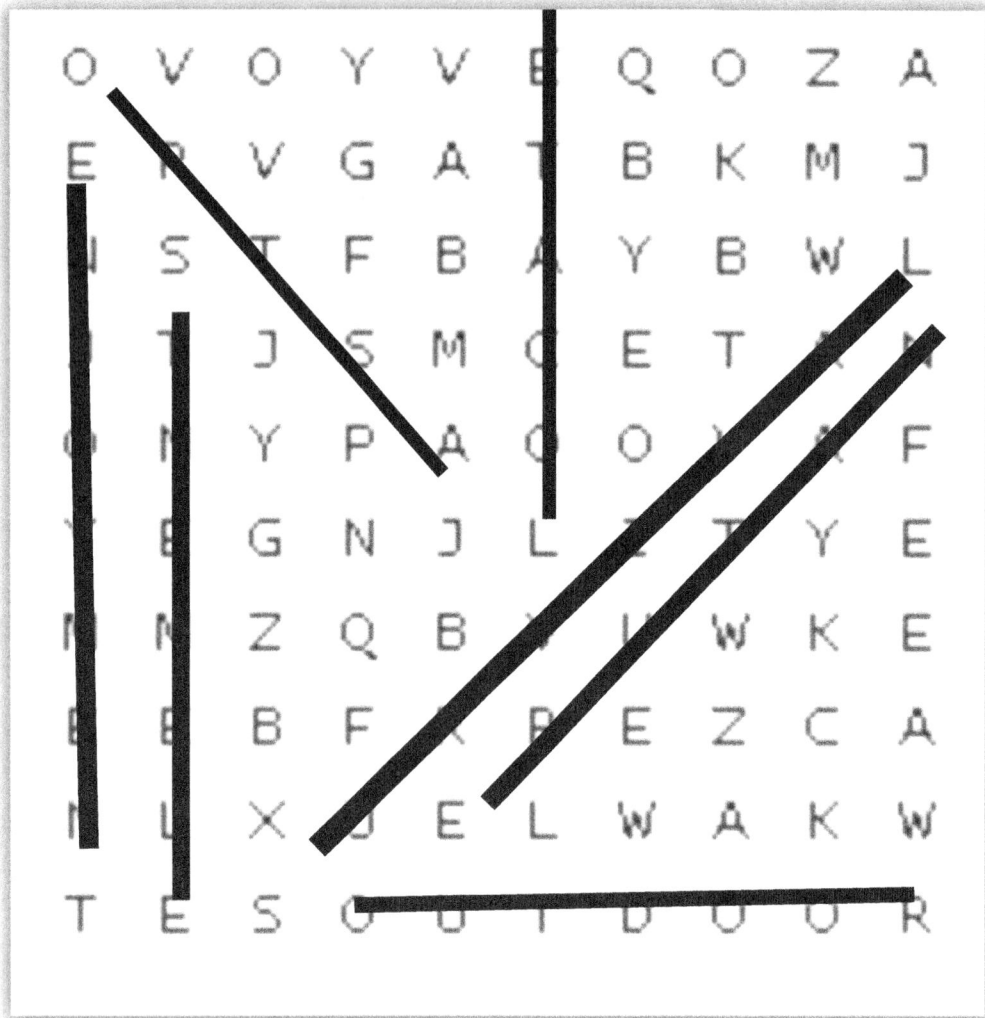

ASTRO   **NATURE**
LOCATE   **ENJOYMENT**
SURVIVAL **OUTDOOR**
ELEMENTS

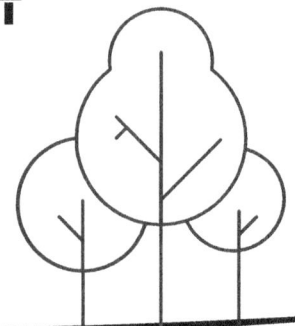

ANSWERS
WORDSEARCH 5

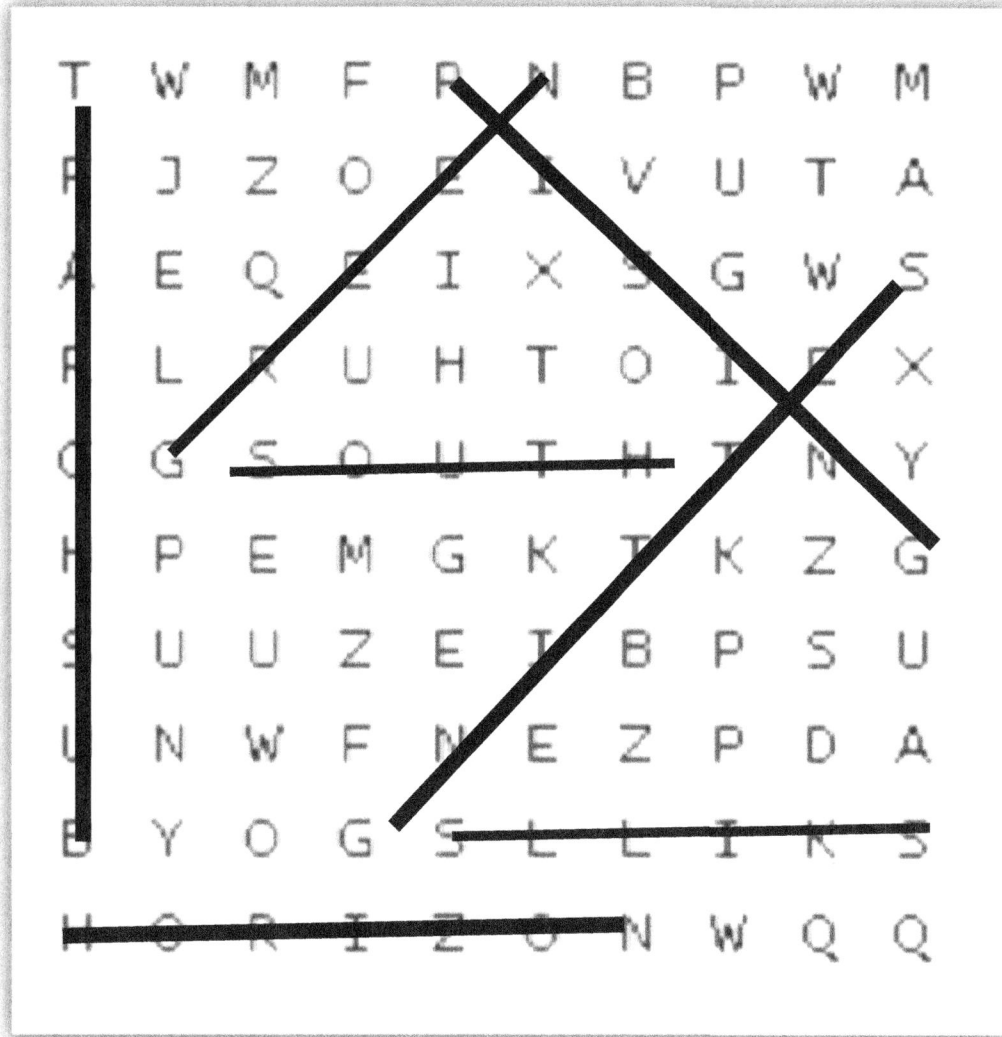

BUSHCRAFT **SETTING**

RISING **HORIZON**

SOUTH **SKILLS**

GREEN

ANSWERS
WORDSEARCH 6

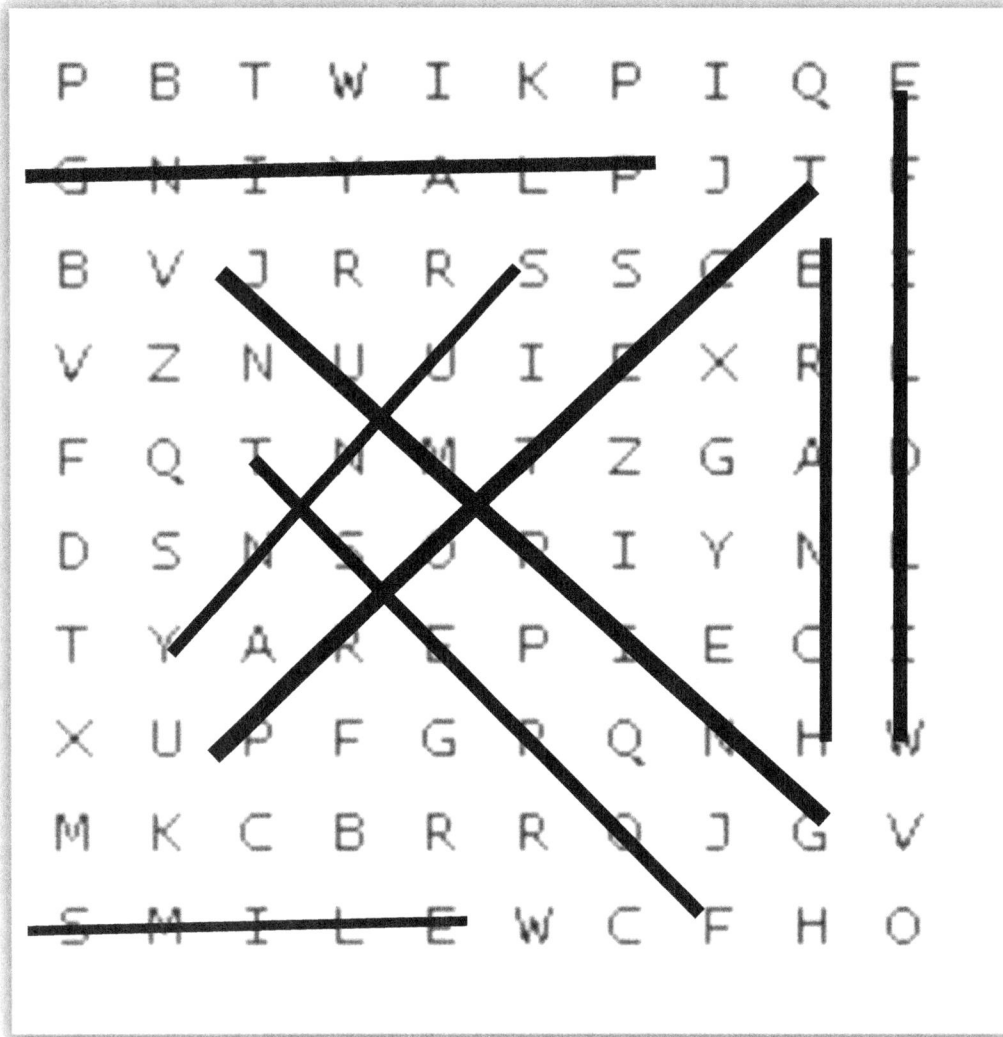

P	B	T	W	I	K	P	I	Q	E
G	N	I	Y	A	L	P	J	I	F
B	V	J	R	R	S	S	C	B	I
V	Z	N	U	I	I	E	X	R	L
F	Q	T	N	M	I	Z	G	A	D
D	S	N	S	O	R	I	Y	N	L
T	Y	A	R	E	P	I	E	C	I
X	U	P	F	G	R	Q	N	H	W
M	K	C	B	R	R	Q	J	G	V
S	M	I	L	E	W	C	F	H	O

BRANCH   **PROTECT**

PLAYING   **WILDLIFE**

SUNNY   **JUMPING**

FOREST   **SMILE**

ANSWERS
WORDSEARCH 7

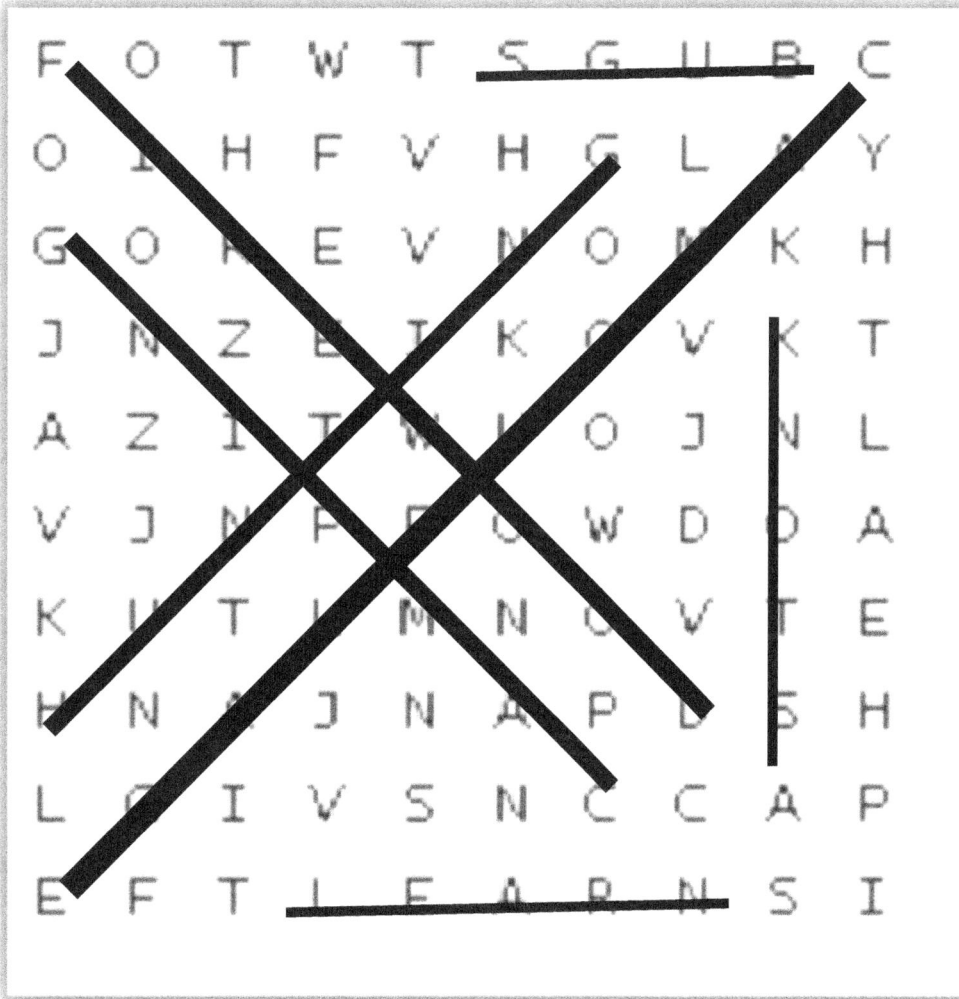

F O T W T S G U B C
O I H F V H G L A Y
G O R E V M O M K H
J N Z E I K O V K T
A Z I T I O J N L
V J N F F W D O A
K U T I M N O V T E
H N A J N A P S H
L G I V S N C C A P
E F T I E A R N S I

BUGS   HEALTHY
FIREWOOD   LEARN
KNOTS   CAMPING
CAMOUFLAGE   HUNTING

ANSWERS
WORDSEARCH 8

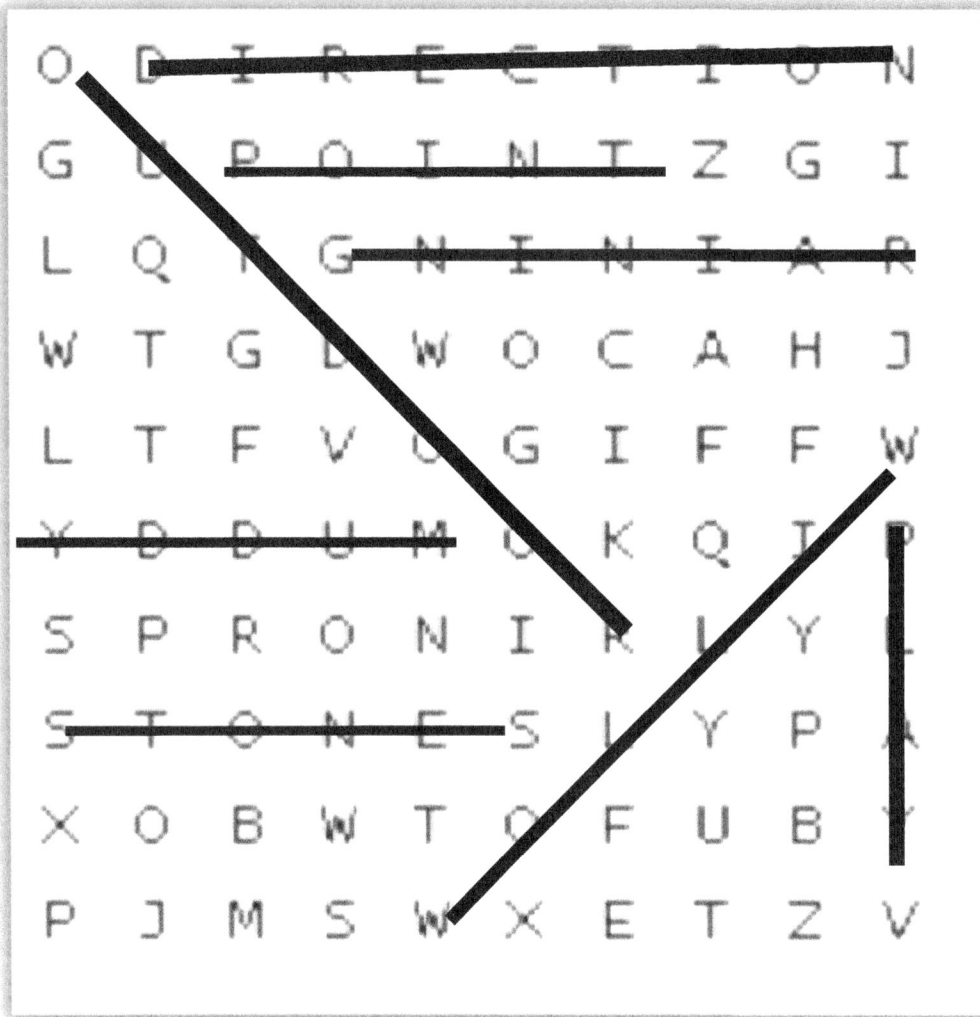

```
O  D  I  R  E  C  T  I  O  N
G  U  P  O  I  N  T  Z  G  I
L  Q  T  G  N  I  N  I  A  R
W  T  G  D  W  O  C  A  H  J
L  T  F  V  U  G  I  F  F  W
Y  D  D  U  M  U  K  Q  I  P
S  P  R  O  N  I  R  L  Y  L
S  T  O  N  E  S  L  Y  P  A
X  O  B  W  T  O  F  U  B  Y
P  J  M  S  W  X  E  T  Z  V
```

DIRECTION   POINT
PLAY   WILLOW
STONES   OUTDOOR
MUDDY   RAINING

ANSWERS
WORDSEARCH 9

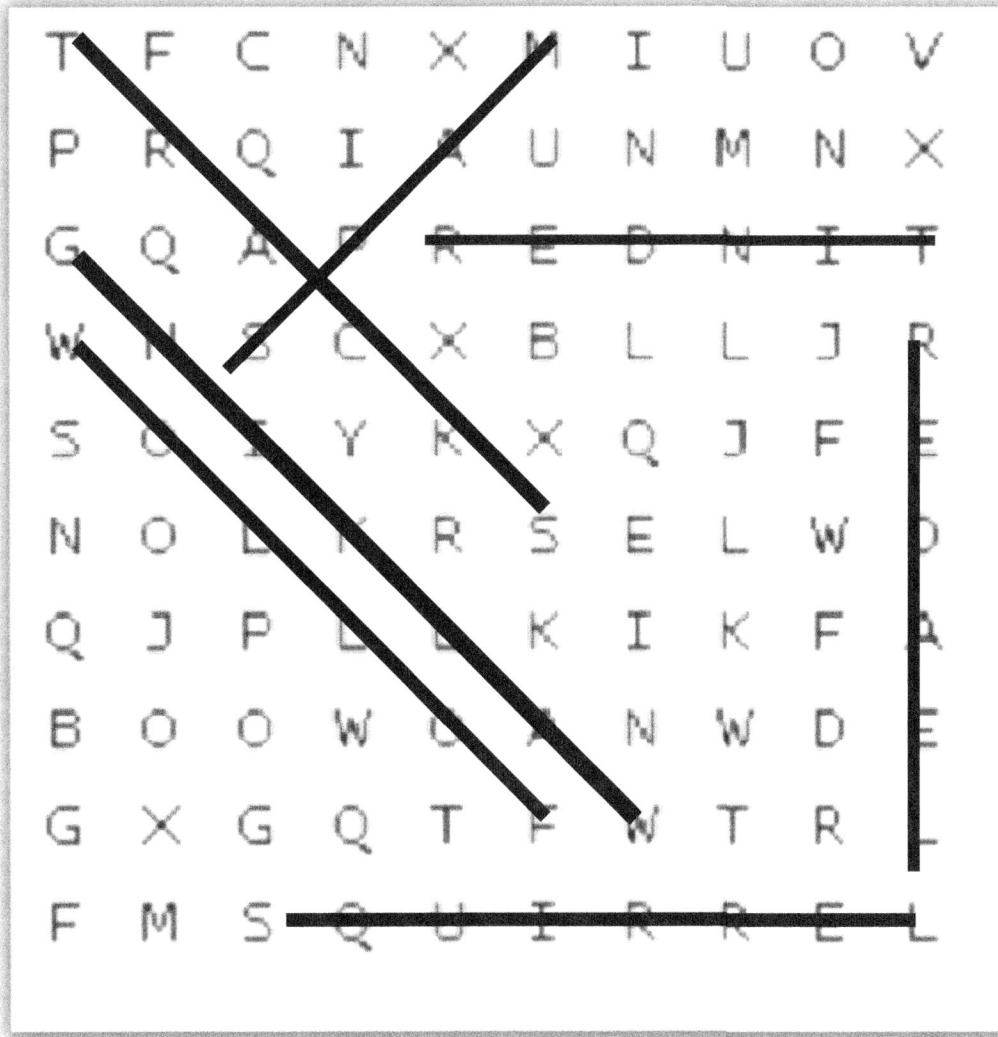

T F C N X M I U O V
P R Q I A U N M N X
G Q A R E D N I T
W H S C X B L L J R
S G I Y K X Q J F E
N O L R S E L W D
Q J P L K I K F A
B O O W A N W D E
G X G Q T F W T R
F M S Q U I R R E L

FOLLOW   **TINDER**

SQUIRREL   **MAPS**

WALKING   **TRACKS**

LEADER

ANSWERS
WORDSEARCH 10

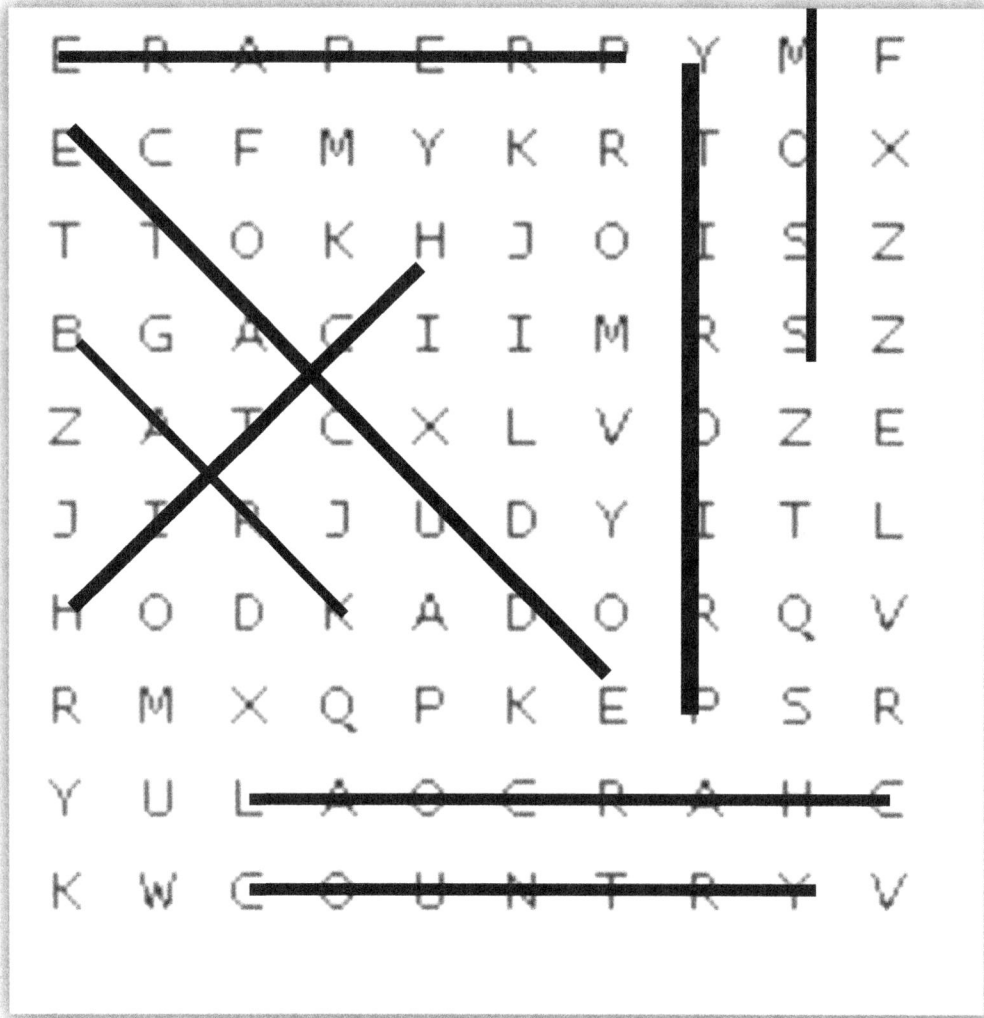

E	R	A	P	E	R	P	Y	M	F
E	C	F	M	Y	K	R	T	O	X
T	T	O	K	H	J	O	I	S	Z
B	G	A	C	I	I	M	R	S	Z
Z	A	T	C	X	L	V	O	Z	E
J	I	R	J	U	D	Y	I	T	L
H	O	D	K	A	D	O	R	Q	V
R	M	X	Q	P	K	E	P	S	R
Y	U	L	A	O	C	R	A	H	C
K	W	C	O	U	N	T	R	Y	V

BARK   **HITCH**

EDUCATE   **PRIORITY**

PREPARE   **COUNTRY**

CHARCOAL   **MOSS**

GOOD JOB!

OBJECTIVE COMPLETE

You are now trained in natural navigation skills.

Remember, if you liked this book then head to

www.survivingthekids.com

for my fun survival challenges!

SURVIVING THE KIDS
ADVENTURE RULES

Printed in Great Britain
by Amazon

23943357R00057